万物はオーラを放っている

●ミニ・オーラ図鑑●

日々草。元気な花はキルリアン発光も強い

写真・図版：生体エネルギー研究所
©Koji Imura

BNP
ビイング・ネット・プレス

②

①

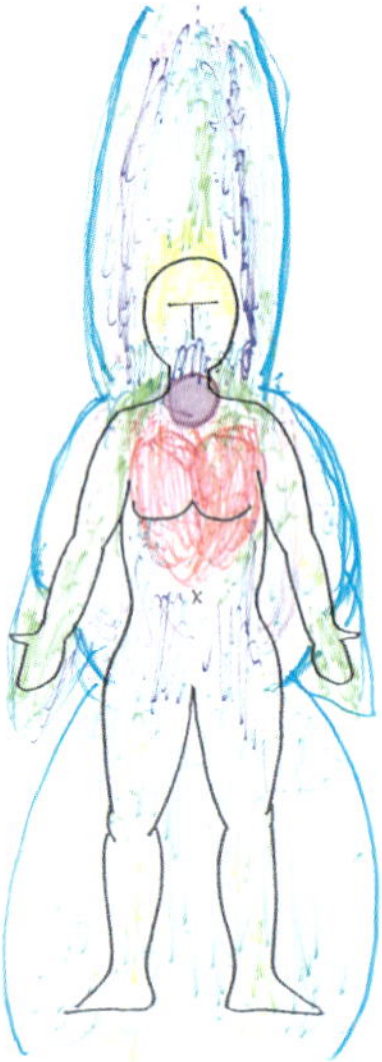

③

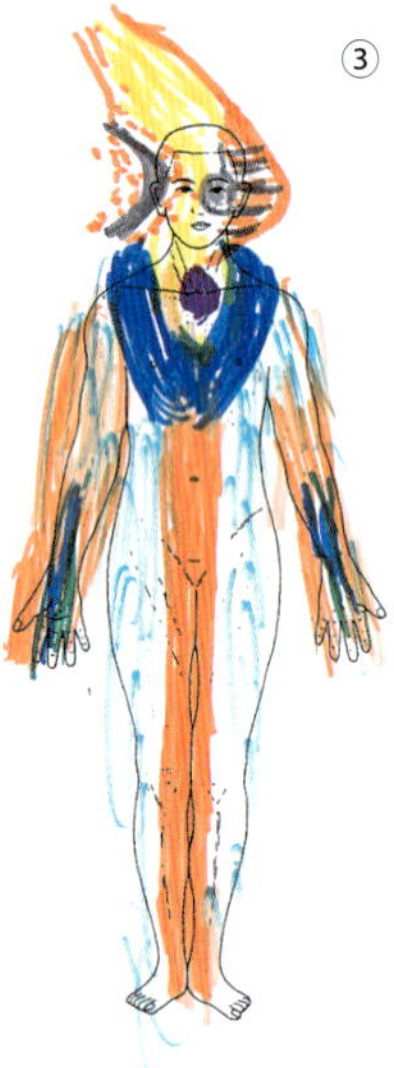

①写経を終えてから来所された女性のオーラ。左右のバランスがとれ、透明な色彩が美しい。のどの紫はチャクラかもしれない。

②趣味で声楽をやっておられるＫ氏のオーラ。数十名の聴衆の前で歌っておられるとき、羽根状の形態オーラが広がる。

③左耳が聴こえない人（オーストラリア人）。能力者 GEN によると、病的なところ、病気の部位は他の色を欠いた濃いグレーに見えるとのこと。

⑤

④

⑥

④一般的な猫のオーラ。この図を描いたGENによると、猫は頭部前方に板状のオレンジ色オーラを放つことが多く、まるで車のバンパーのようであるという。何かをサーチしたり、プロテクトするために放っているのかもしれない。

⑤ある女性の愛猫のオーラ。哺乳動物のオーラには個体差がある。図の猫は思い通りに行動しようとする性癖が強いそうだ。

⑥一般的な犬のオーラ。猫のように頭上・タテ長のバンパーは放っていない。オーラ全体は猫より強く、色も濃いという。

⑨桜のオーラの特徴は幹のオーラ放射の強いことだ。花部の放射は弱く、花そのものの色に負けている感じだ。本図においてもピンク色は花弁そのものの色である。

⑨

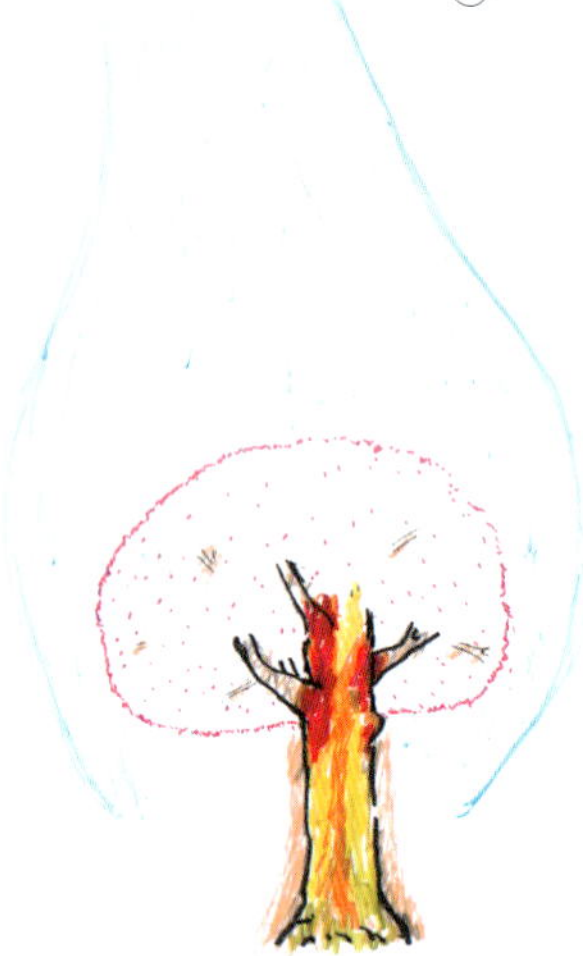

⑦

⑧

⑪

⑩

⑩ボケの樹。梅よりはるかに淡いオーラを放つが、透明感があって美しい。

⑪ボケの花。淡いブルーをおだやかに放っている。同じ初春の花、梅のオーラと比較のこと。

⑦梅の樹。青～紺色のベッタリとした強いオーラを放っている。

⑧梅の小枝。濃いブルーが美しく、桜よりオーラは厚く強い。

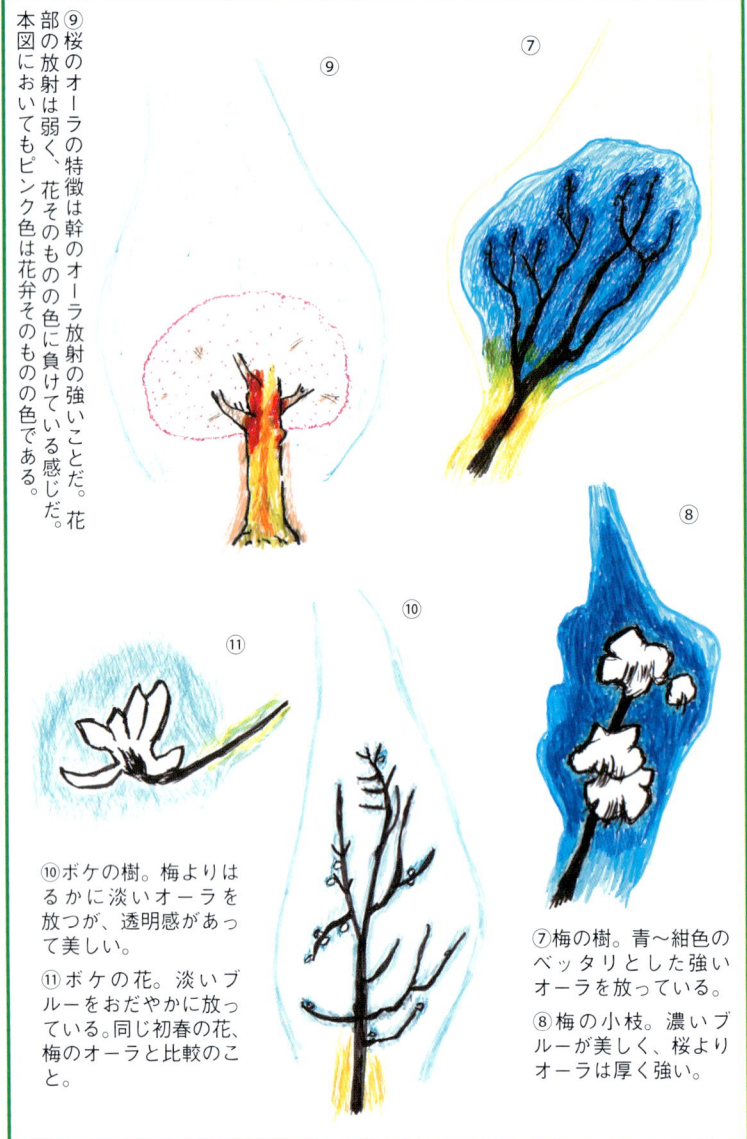

⑬

⑬オーラ視能力者 S.W. が描いたはち植えの花のオーラ（本文 50 頁参照）。

⑫

⑫ささ竹のオーラ。左方はやや枯れてきている。右方はまだ緑が残っており、オーラも美しい。

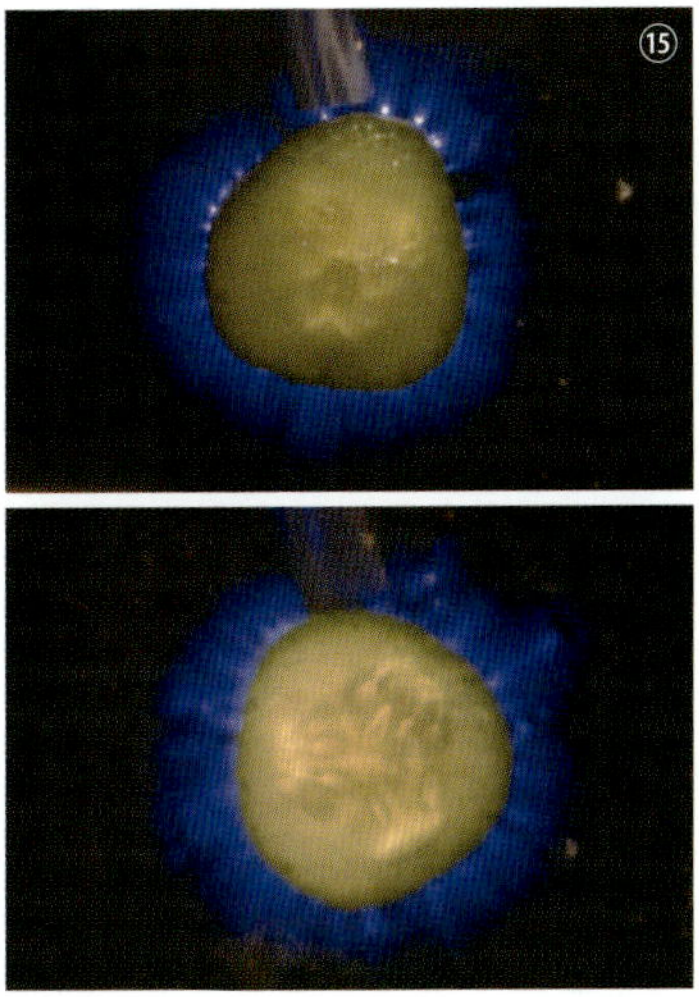

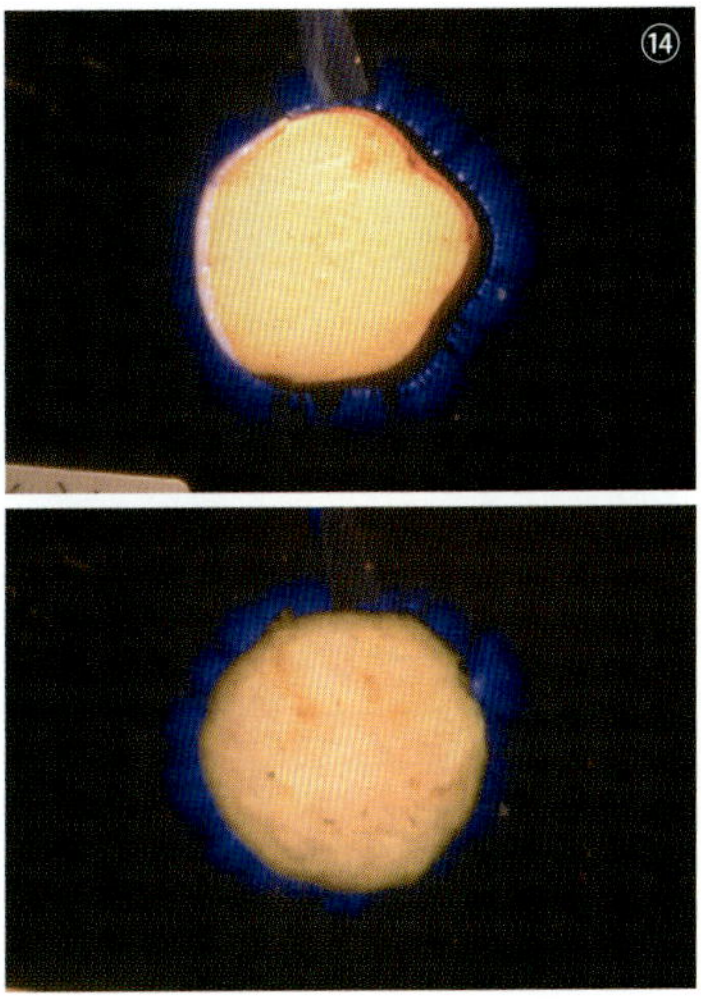

⑭サツマイモと⑮キュウリ（断面のキルリアン・オーラ）。共に上が自家製、下がスーパーで買ったもの。自家製の方が白色の放射光（ストリーマ）が見られ、生気の強いことを示している。

⑯

⑯ R 神社（奈良県）の放つオーラ。色彩も美しく、垂直方向に高く伸びた強力なオーラはオーラ視能力者の目を奪った。オーラ視できぬ者にとっても、すがすがしく神聖な感じのする神社で、かくれたパワースポットである（本文 193 頁参照）。

⑳葉の一部をカットする（試料；ヤブガラシ）。㉑カットされる前の形にキルリアン・オーラが発光している。これがファントム・リーフ現象だ。

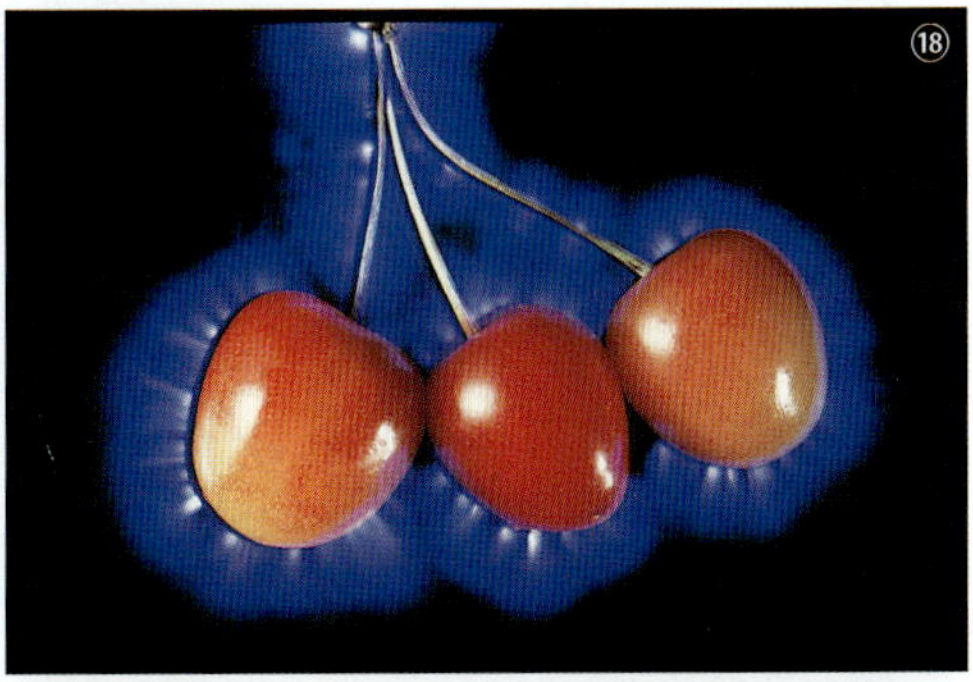

⑰日々草、⑱さくらんぼ、⑲アルストロメリア。新鮮な花や果物は強いキルリアン・オーラを放つ。

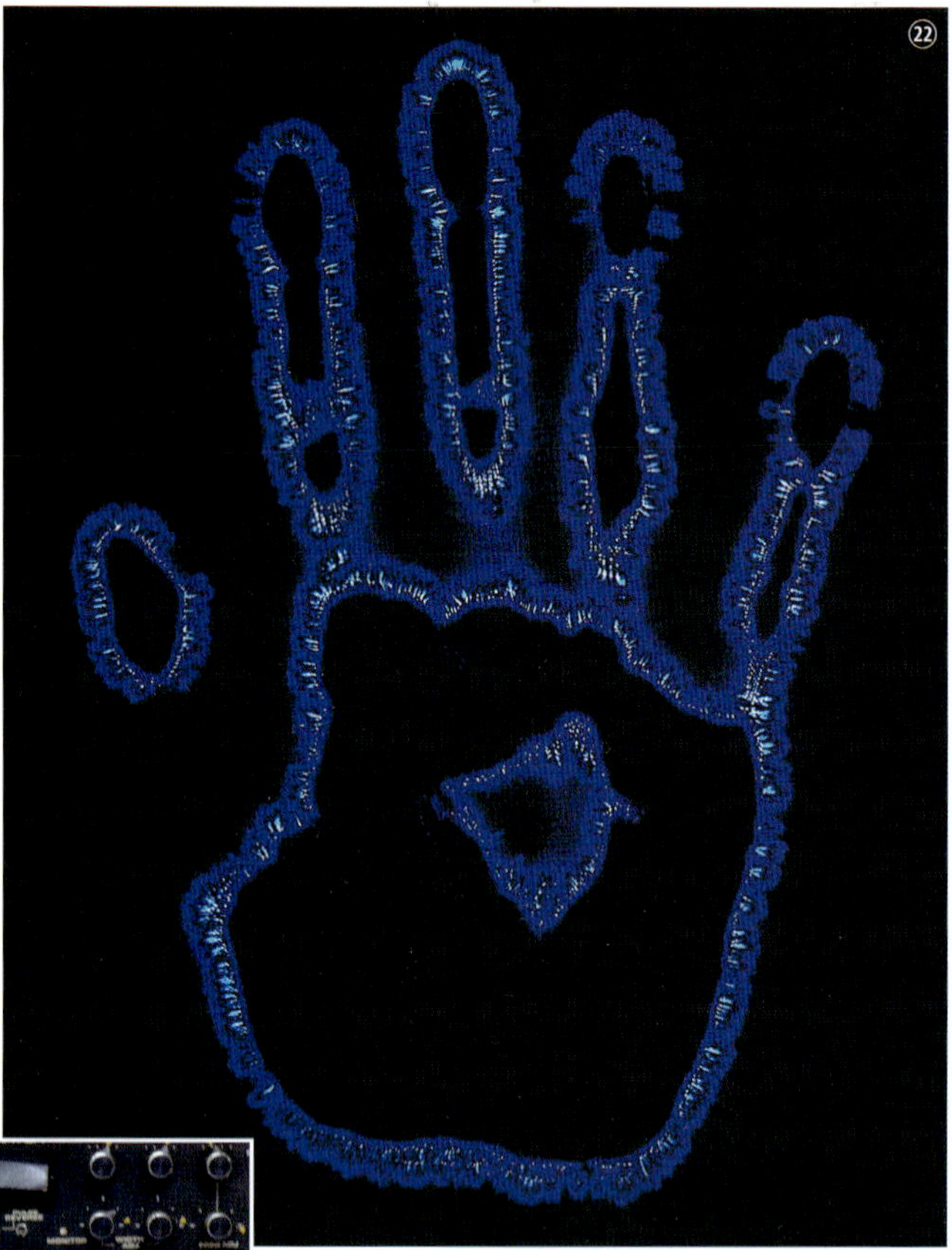

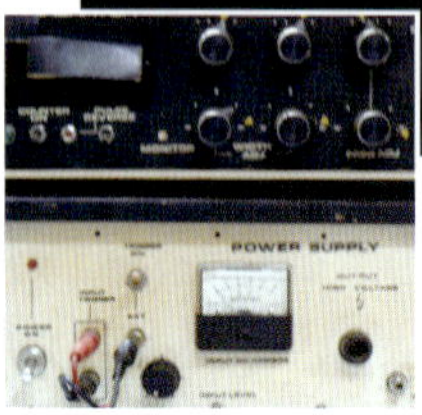

㉔

㉒手の平から放たれるキルリアン・オーラ。㉓は指先（第２指）のキルリアン発光。オレンジ～赤色は感材（フィルム）の特性による。㉔は筆者の研究所で使用しているキルリアン写真装置の一部。

実践講座 15

オーラ能力開発法

オーラ・テクノロジー

井村宏次 著

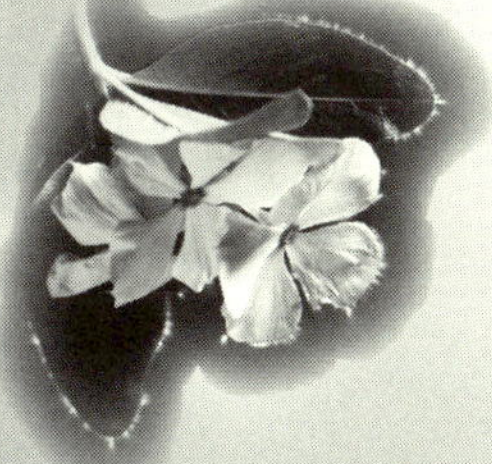

BNP
ビイング・ネット・プレス

まえがき――オーラ・テクノロジーの時代

それにしても、ここ一、二年の科学の進歩は以前に増して著しい。

ＩＴ技術に代表される驚異的なテクノロジーの革新は、二一世紀という言葉にふさわしい風景を生み出している。

目的地に向って刻一刻と道案内してくれるカーナビゲータは、いまや標準装備になった。緑の野に広がっていた野菜畑は、センサー類と人口照明を駆使した屋内工場にとって代わられつつあり、風力発電のタワーと太陽光発電のパネルが、海辺や丘陵の風景を一変させていく。「便利」と「効き目」を追求してきた科学は、ある種、最終コーナーに突入したのかもしれない。でもそれを良いとも悪いともいえない。われわれの大多数は科学がこの方向へむかうことに賛同してきたのだから。でも、一方で失われていくものもある。

日の光を肌で感じ、風の力を身体いっぱいに受けながら歩く山野。ふと歩みを止めると、足元に誰に見せるともなしに雑草が小さな花を咲かせている。そんな環境にあってこそ培われていく万物自然への感受性、時には優しく、また厳しい自然と正しく付き合う方法。人は自然という大舞台を離れて生きていくことはできないのだ。たとえ自由時間のすべてを自室におけるゲームに費やそうとも、壮大なハーモニーを奏でつつ営まれている大自然のエコロジカルな活動あってこそ、われわれはいまここに生きて居られるのだ。自然の優しさと厳しさを身体で十分に学んでこそ、身に及ぶかもしれない危機を察知する感性をみがくことができるのだ。インドネシアの大津波がタイに押し寄せる前に、象が高台に逃げたように。

こうした動物としての人間に付与された感受性のひとつが「気配読み」「気配察知」、あるいは「オーラ・リーディング」の能力なのである。われわれは外界のすべてに対するコミュニケーションにおいて、この能力を開いているのである。自然が輝き、そして泣き、また怒るように、人もまたその内心の思いや健康状態を外界に「雰囲気」「オーラ」の光として放っているのである。これを読みとり、適正に反応あるいは対応することによって、人間関係において良好なコミュニケーションを保つことができるのだ。

この人間が放つオーラとはどういったもので、その色や形は何を意味しているのであろうか？

本書においてその謎を解き明かしていこうと思う。オーラを東洋的な見地からみると、人が放つ「生気」なのである。その人が健康でイキイキとしているなら、明るく強い生気（オーラ）を放っているであろう。逆に不健康であったり、こころがよどんだ状態にあるなら、その生気は暗く重いものであろう。われわれは誰に教えられることもなく、人の〝生気〟を感じとり、「お元気そうですね」とか「どこか具合がわるいのですか」、などという言葉を交わすのである。この生気を感じとる能力は、オーラを見る能力と関連している。というのもこのオーラ視のできる人は生気感受性が優れた人でもあるからだ。したがって、オーラ視能力（以下オーラ能力と記す）を開発することは生気感受性を高めることにつながるのである。

その昔、人々は日の出とともに起き、そして働き、日が沈むと眠る、という体内の日周性《サーカディアン》リズムのもとに一生を送っていた。その後の灯明《とうみょう》の時代まではまだしも、電球による夜間照明の時代になると、われわれのサーカディアン・リズムは大きくゆらぎ、夜もまた活動期に組み入れられていったのだった。そして現代、社会も生活も複雑化する一方である。大自然の日周性のリズムとともに生きる、という人間本来の生き方は放棄され、昼夜逆転の人々、短睡眠時間の人も増加する一方である。こうしてわれわれは生気やオーラなどの感受性を喪失していったのではないか？

紀元後三世紀前後に、ガンダーラの人々は石の仏像の頭部に大きな円形の「頭光」（オーラ）をとりつけた。また八世紀ごろのローマ人は崇拝するキリストの頭部に「頭光」（オーラ）を描いた。以後、仏教においてもキリスト教やイスラム教、やや遅れてヒンドゥ教でも、偉大な宗教開祖や聖なる人々の絵や像は光（オーラ）を放っているように描かれ造られてきたのである。この伝統はいまも宗教画や仏像の伝統に受け継がれている。古代ガンダーラやローマ時代の人々のオーラ視感受性は現代人よりもはるかに強く、おおくの人がオーラ能力を持っており、霊性の強い人々の頭のまわりに光り輝くオーラを〝見た〟のではないだろうか？

自然界における自分の役わりを知り、それが個性となってあらわれ、その役わりを楽しんで果たすとき、われわれはいきいきとするのだ。その役わりには社会で生きていくための、人間関係におけるコミュニケーション能力の強弱や、場を明るくする能力、人と人をつなぐ役わりなどが考えられる。あなたの役わりは一体、何であろうか。また、食べていくための職業も役わりの重要面である。その仕事は農業でも漁業でも、会社員であってもよい。要はその職についていてあなたがいきいきしているかどうかなのである。

役わりが自覚できず、個性が失われていけば無気力になるほかない。生命は自分の役わりを自覚し果たすことによって意味を持つ。自分の生命の意味がわからず、自分には生きていく値打ちがないと思うことは、なんという不幸だろう。失望から無気力、そして「うつ」、こんな時代が深まってゆきつつあると思うのは、筆者だけだろうか……。

気が充実しているといきいきできる。でも現実はいきいきを阻害する要素でいっぱいだ。食事について考えてみよう。ここでも便利さの追求が気のすくないレトルトやインスタント食品の増加を許している。

食品はわれわれの命綱である。

食品と水からの生気摂取によっていきいきしていたわれわれ……。いまや身体は太っていても生気をずんずん失っていく恐怖の時代を迎えているのである。太陽光と土で栽培しようが人工照明と栄養水で栽培しようが、野菜の色と形は同じに見える。しかし、よくお年寄りが〝昔の野菜や果物は香りも強くおいしかった〟〝いまの食品は水っぽく味がうすい〟、などと語るのは何故だろうか？

農産物を育むのは土である。「土気」が農産物を育てると考えるなら、その産出物のおいしさをよく「甘い味」だと表現されるのもうなずける。というのも古代中国人は「土」の味は「甘」であると述べているからである。だからこの「甘い・味」というのは本来、「美味しさ」を表現する言葉なのである。

〝日本百名水〟に代表される「名水」の美味しさとは、その地で汲んで飲んだときが最も美味しいのである。気の思想と技法からみると、名水の味とは〝その土地の（水のありかの）気〟とその水の流れや動きの気のあわさったものである。前者は陰気であり後者は陽気である。この名水をペットボトルにつめてしまうと、そこに含まれる陰気と陽気、特に陽気は急速に失われていく。そしてボトルのまま長期を経過すると〝名水〟は〝ただの水〟へと変容していく。オーラ能力者たちによると〝甘く、うまい〟とその味が表現されるような野菜や果物、魚貝類や肉類は濃い青のオーラを放っていると報告している。また〝百名水〟の地を何ヶ所か取材してみると、それらの水を産出する場所（井戸や清流）は強いオーラを放っていたのである。これらの事実から、われわれが食品や水を摂る際にはどのような食品や水を選べばよいかは、明らかであろう。また食品も水も新鮮であればあるほど「気」が豊富であることをぜひ、記憶してほしいのである。できればオーラ能力を開発して、あなた自身で強く美しいオーラを放つ食品や飲物を選んで求めて欲しいものである。

禅寺でまかないを行う僧のことを典座《てんぞ》という。

典座を任じられた僧は、日々の朝夕二食の献立について、その栄養に留意するとともに、修行僧一人一人にあわせた食事の量を勘案するのである。〝一汁一菜〟という食の基本どおり、修行僧たちの食事はわれわれ庶民の食事にくらべてとても貧しくみえる。また、米飯の量がわれわれの日常より格段におおいともいえない。典座が用意する食事の特色は次のように要約できるだろう。

1、修行僧の行が円滑にすすむように、こころをこめた献立の立案と炊事の遂行

2、献立の内容と量は経験と伝統が教えるところに依る

修行僧とはいえ、一日中修行のとき（座禅）を過ごすわけではない。寺院の運営にかかわる作務《さむ》に追われる毎日である。だからといって修行僧たちが栄養不良で痩せ、始終病気をしているわけではない。事実は逆である。おそらく僧たちの体力はわれわれと大差なく、精神活動はわれわれと同等、あるいはわれわれ以上に活発であると思われる。

このようにみてくると、「食事」を摂るということは科学的な栄養学のいう栄養（養分）を摂るということだけでなく、こころのこもった炊事による良いオーラと食品や飲料のフレッシュで〝甘い〟「気」をいただく営みではないかと思えてくる。

ここで視点を住環境に転じてみよう。

われわれがいきいきするためには、自分自身の身体とこころをつくり養う食事の他に、自分が存在する環境の問題がある。アトピー性皮膚炎などの原因や治療についても、食と住の両面から考え

ていかなくてはならないのである。筆者は被験者であるオーラ能力者たちとともに一般の住宅からオフィス、レストランなどの飲食店、寺院や寺などの宗教施設、その他郊外の自然環境と商店、ビル街などに赴き、その外と内部のオーラ観察を数おおく行ってきた。また、一九九五年の阪神大震災後には、大阪から数十キロ西にある震源地の神戸・淡路島上空の「空間オーラ」を長期に渡って観察してきた。というのも古代中国では「観天望気術」という天空観察術があって、遠方空間の「気」的変動をオーラを見るように観察する技法があったので、阪神大震災という大災害ではあったが、その機会を逃がさず、今後の自然災害予測に役立てるための観天望気術の追試を実施したのである。ちなみに中国では人体の周囲や自然環境のオーラ的な光を「雲気《うんき》」と呼んでいる。もっともこの技法は失われて久しい。古代中国ではこの技法によって、天変地異の勃発や敵の襲来を察知しようとしていたのである。こう記すと話がずいぶん大きくなってしまったが、この空間オーラは人間の身体オーラと相互に作用しあって、われわれのこころと身体の状況をつくりだしているようなのである。

快適空間はすくなくとも人のこころと身体を癒す方向に働くようである。

では、そのような快適空間を生みだすにはどのような技法を用いればよいのだろうか？

以上のように、人のこころと健康状態を外部に放っているオーラ、その正体は何なのか？　どのようにすればオーラ能力が獲得できるのか？　また衣食住にかかるオーラとは何か？　それではこれらの問題について探求していこう。

目次

【カラー】ミニ・オーラ図鑑◉万物はオーラを放っている
まえがき——オーラ・テクノロジーの時代……3

第Ⅰ部　いま明らかになるオーラ・気の世界

1　オーラと未知のエネルギー……18
キルリアン写真法はオーラのある部分を検出した……19
オーラは人間の健康・気質・感情を表出している……21
近未来科学は未知のエネルギーを発見する……23

2　退化してしまったオーラ能力……24
文明の進展はオーラ能力を衰弱させる……27
古代人の〝見える能力〟には数々の証拠がある……29
鬼の角は怒れる人間のオーラを表象したものだ……31
生命力にあふれた人のオーラは強く美しい……33

3　オーラを〝見た〟著名人たち……36
林画伯、詩人ランボーは、オーラを見ていた……38

人間は誰でも潜在オーラ能力を秘めている……39
すべての生物と物体は未知のエネルギーを放射している……41
あなたの熱烈な信奉者は、恋人は、光っていなかったか?……44
ルドン──肉眼で見えるはずのない空間を描く……46
坂木龍一──うす青い色のさまざまなシンボルを見る……48

4　スターの〝華のオーラ〟と聖職者の発光現象……50

スターはみな「華のオーラ」を持っている……52
「指紋」と同じレベルの「オーラ紋」が存在している……53
聖者・宗教的リーダーも〝光って〟いる……54
気は第二の身体(エネルギー体)のなかを流れる……57
スター・聖職者は、余剰生気を放出している……60
エネルギー体にも〝視覚〟がある……61
新興宗教は、教祖の「生気」に依存している……64

第Ⅱ部　あなたもオーラが見える

1　オーラへの挑戦者たち……68

キルナーとオーラ・スクリーン……68

オーラ・メーターと光電計……72
キルリアン写真法への道……76

2　生気の存在を実証する？　キルリアン・テクノロジー……79
〝光る手〟の誘惑……79
キルリアン・テクノロジーの世界……81
キルリアン写真が写しだすエネルギー……87
ファントム・リーフの驚異……89

3　オーラ、その色と形の秘密と判別法……92
オーラと身体多重説……93
四層のたなびくオーラ……96
エーテル・オーラは身体を守るヨロイだ……102
パーソナル・オーラと色彩の意味……106

4　オーラ能力開発法……113
案外おおい、オーラが見える人びと……113
オーラ能力開発のこころがまえ……115
暗闇で磁石を見つめる……116

黒いカーテンの前の人物を見る……117
オーラを見るための四つのコツ……118
万物は光っている、感動せよ……119
古代中国の望気術……122

5　オーラと気をキャッチする究極の訓練法……126
これしかない、オーラ視訓練法……126
テクニック①　オーラを見るための最終行法……129
テクニック②　生気を〝感じる〟トレーニング……133

第Ⅲ部　生気とオーラの発現能力開発法

1　迫りくる邪気の嵐――オーラの環境学……138
動物が生存するための三条件……138
邪気と正気、生気と精気……139
テクニック③　邪気をさける……144

2　〝緑の手〟の人間を探せ！――オーラの治療学……145
エネルギー場を〝感じる〟手……145

テクニック④　エネルギー場に触れる法……146
テクニック⑤　手から生気をだす……155
テクニック⑥　緑の手を持った人を見つける法……158
・緑色の手になりたい人へ……159

3　オーラの人間関係学……160
オーラ放射から見た人間の二つのタイプ……160
〝見えない〟暗闘……163
・オーラ視による光景……164
・ごく普通人が見た光景……165
・㊐の感じる次元からのレポート……166
ホンモノの邪気人間……167
テクニック⑦　邪気をかわす……172
テクニック⑧　三分間でオーラを強くする……174

4　この食品から生気をとれ――生気食品で健康体をつくる……178
キルリアン・オーラと食品……178
人工栽培により生気が弱まってゆく!……181
無農薬野菜の生気は強い……185

テクニック⑨　生気の強い食品選び……186

5　生気空間をつくりだす——生気あふれた住環境を創出するノウハウ……190

住居は身体の外衣だ……190
生気空間はナニか……192
パワー・スポットを探す……193
生け花は生気空間をつくる……195
テクニック⑩　生け花が生みだす生気空間……198

あとがき……204

第Ⅰ部　いま明らかになるオーラ・気の世界

1　オーラと未知のエネルギー

——いま開かれる、神秘の最後の扉。オーラ、生体エネルギー、気、コズミック・エネルギーの世界。

いまやほとんどの人が、オーラという言葉をご存知だろう。仏像の背後に光っている光輪、あれは人間の周囲にもある光なんだ、とすぐわかる読者もすくなくないだろう。しかし、あなたはオーラについてどれくらい知っているだろうか？　オーラは書物のなかだけのものではない。また、それは霊能者や修行者といった人びとだけの世界のものでもない。この世に生まれ、生きているわれわれ全員の日常のなかに、しっかりと存在し、われわれの日常生活や健康と深い関係をもっているのだ。

しかし、その真実を知る人はすくない。それは、この本がいまもって科学的視点を大幅にとり入れた随一の書であることで明らかなのである。

従来の書には科学的な多少の記述はあっても、それらのおおくは占いに偏っていたり、外国の書の簡単な引用があっただけなのだ。

私は四〇年間、オーラ研究に打ちこんできた。入手できる限りの海外文献に目を通し、複数のオーラ能力者を発見、養成し、オーラ世界のすべてを見聞した。そして、オーラの見方、病気治療法の開発、オーラを用いた豊かな生活術、日本文化や各国文化に入りこんだオーラ技術《テクノロジー》……などが明かされていったのである。そのどんづまりに、オーラ現象からみた地球の未来までが透視できるようになったのだ。

こうして私は、オーラの世界に深く入りこみ、本書によって、そのすべてを明かそうと思う。それでは話をオーラの科学的研究からはじめよう。

◉キルリアン写真法はオーラのある部分を検出した

オーラと似た概念に「生体《バイオ》エネルギー」というのがある。このほうも日本ではほとんど知られていなかった。幸いなことに、アメリカの心理学者、セルマ・モス博士の著『生体エネルギーを求めて——キルリアン写真の謎』(日本教文社)が私たちの訳によって出版されたことで、かなりよく知られるようになった。読者のなかには同書を読まれた方もあるかもしれない。

さて、生体エネルギーとは、一口でいうと、人間の身体《からだ》の生命エネルギー(生気)のことなのである。しかも、この生体エネルギーは、目には見えなくても肉体と同じような形を持ち、肉体と重なって存在している〈エネルギー体《ボディ》〉を構成しているとロシアの科学者たちは主張している。つまり、われわれの身体は、目に見える肉体と目に見えないエネルギー体の、二つの身体からできあがっているとされる。しかも、エネルギー体こそが肉体の鋳型《いがた》であるというのだ。

カザフスタン共和国、カザフ大学の生物学者、ヴィクトル・イニューシン博士らはすでに一〇年以上、この生体エネルギーを研究し、驚くべき発見をした。そして博士は、生体エネルギーを〝バイオ・プラズマ〟、エネルギー体を〝バイオ・プラズマ体〟とそれぞれ呼び、「キルリアン写真法」をベースに独自のオーラ研究を行った。

同じくロシアのセルゲイエフ博士は、バイオ・プラズマを検出する「セルゲイエフ検出器」を発明した。驚くべきことにセルゲイエフ博士によると、人間はひとりひとり、その人物であることを証明する指紋のような〝バイオ・プラズマ・パターン〟を持っており、しかも、誰かが何かの物体に触れると、かれのバイオ・プラズマが物体に付着していつまでも残るというから恐ろしい。

現在のところ、物体に付着したバイオ・プラズマは検出できるが、それが誰のものであるかまではわからないらしい。近い未来に「セルゲイエフ検出器」はそこまでゆくだろう、と博士は語っている。

モス博士らによると、生体エネルギー体が肉体の境界を越えて放射しているエネルギーが、オーラ能力者たちによって、オーラとして見えるのではないかという。いまのところ、オーラを直接的に（機械装置を用いて）観測する方法はないが、いくつかの例が報告されはじめている。

ところで、オーラを間接的に観測し写真に撮る技術が、〈キルリアン写真法〉といわれる方法である。私もこの方法を用いて、後に記すような驚くべき事実を発見した。それは、われわれの健康をおびやかす危機的な時代が迫っていることを教えているのである。読者は生体エネルギーやキルリアン写真についても、くわしく知られることになるだろう。

◉オーラは人間の健康・気質・感情を表出している

さて、このようにみてみると、オーラが生体エネルギー体に関係した現象であることがわかっていただけたと思う。海外の研究者の研究によると、オーラによって、——

①人間の精神的肉体的な健康状態がわかる。
②どのような感情を抱いているかわかる。
③人間の気質や性質がわかる。
④その人の霊的発達状態がわかる。
⑤病気の状態が医師の診断よりも前もってわかる。
⑥妊娠や空腹など身体の状況がわかる。

——などと報告されてきた。それらは事実だろうか?　私はそのひとつひとつについて実験や研究を行ったので本文のなかで述べようと思う。また、①〜⑥以外の重大な事実も発見した。それは、オーラを〈生気〉〈生命力〉としてとらえた場合、読者がオーラを見ることができようができまいが、日常生活にひろく応用できるという「技術」を発見したことである。そこで私は、この技術に〈オーラ・テクノロジー〉と名づけて本書に発表しようと思う。

ところで、さらにつっこんで考えてみると、つぎの疑問がわきあがってくる――オーラとはいったい何なのか？

こうしてわれわれは、つぎなる神秘エネルギー「コズミック・エネルギー」の世界に、入ってゆかざるをえないのである。科学が対象としている（電磁波）エネルギーがわれわれの身体をつくりあげており、もうひとつの未知の生体エネルギーが生体エネルギー体を構成しているなら、この未知のエネルギーにも〝本源〟があるはずだ。二〇世紀になると科学者のなかにも、生体エネルギーを検出しようとしたり、信じたりする人びとが出現してきた。しかし、その正体は二一世紀のいまも〝未知〟なのである。

しかし、科学の台頭期までの思想家や神秘家、医師たちは、つぎのように信じて疑わなかった――つまり、宇宙にも地上にも「コズミック・エネルギー」が充満していることを。そして、このエネルギーの本質は〝ヴァイブレーション〟である――と。あらゆる形《フォーム》はそのエネルギーのあらわれである、とかれらは声をそろえる。

思想家ベーコンは言う――、形を探求する前に光と色彩を研究すべきだ、なぜなら色彩は生命であるからだ、と。思想家であり医師でもあったパラケルススも同じ主旨のことを語っている――「宇宙のライフ・サイクルがはじまるとき最初に出現したものこそが、燦然ときらめき急速に振動している一つの光塊であった」。

この天地を貫いて存在する唯一至高のコズミック・エネルギーはその後、古典物理学において、空間に充満し万有引力が作用するための媒質であるという「エーテル」説に転化していった。しかし、一八八一年マイケルソンとモーリーがエーテルを検証する実験を行ってみたところ、結果は否定的であった。

◉近未来科学は未知のエネルギーを発見する

一方、古代中国人は雲の動きを観察し「気」という概念をつむぎだした。三五〇〇年も以前の殷の時代にその起源をもつとされる「気」説は、その後近代にいたるまで生きつづけてきたのである。

「気」とはいったい何だろうか?

気の思想によると、万物存在の本源は太極であるという。この太極から陰陽の二気が分かれ、さらに五行の法則によって形ある存在物が出現したというのである。

このようにみてくると、コズミック・エネルギーも、〝気〟も、科学の方法ではとらえられないけれども、今後出現してくるであろうニューサイエンス的な手法によってその存在が明らかにされるような、(現在では未知な)あるエネルギー系を不完全に表現しているように思える。さきにみたように、すでにわれわれ人類はモス博士やイニューシン博士、セルゲイエフら、つぎつぎと名乗りをあげる先駆者たちを送りだしているのである。

この新しい科学への道を切り拓く〈切り札〉こそが、有史以来、人類史に絶えることなく語られ表現され応用されてきた「オーラ」と「生体エネルギー」なのだ。

それでは、私がこの目この手でたしかめたオーラ・テクノロジーの世界に読者を案内しよう。読者の眼前にはきっと、近未来科学の景観が開けることだろう。

私が発見したノウハウはもらさず明らかにするつもりなので、読者もすぐ生活に応用してほしい。

2　退化してしまったオーラ能力

——仏像の光背、聖者の頭光、鬼の角、土着人の髪型などは、古代人がオーラを見た証しである。


寺にゆく。

本堂の暗がりのなかで金色に浮かびあがった仏像たち、それを見るときわれわれは、厳粛な気分になるだろう。ひとりひとりの想い出のなかに、そうした仏像たちがくっきりと浮かびあがっているはずである。

何人かの人びとは、仏像が背負っている〝光の輪〟や四方八方に放たれた〝光条〟に気づいたであろう。さらに少数の人びとは、その輪が頭から外部に何重にも重なっているものや、身体と頭の両方に光輪を持つもの、身体を〝舟型〟にとりまいていた金色の板状のものなど、さまざまな形があったことを思いだされるだろう。

それら、仏像の背後にある美しい装飾を「光背」という。光背のなかには不動明王や閻魔《えんま》さまが背負っている〝火焔〟など、変わった形のものもある。

ある美術展に展示されていた、三〜四世紀のものとみられる忘れがたい強烈な印象を与える「釈迦苦行像」。その身体はやせこけ、露わな肋骨とえぐれた腹部がいたましい。同展の解説書にはこうある。

ガンダーラの工人は、釈尊のその肉体的苦しみに耐え抜いた神々しいばかりの精神力を表わそうとしている。落ち窪んだ眼、骸骨のような痩せこけた体躯のリアルな表現は、観る者に釈尊の精神的苦しみを感じさせる。（「パキスタン・ガンダーラ美術展」図録、一五〇頁）

そしてつづく記述は、その像の台座の説明に入ってしまうのである。つまり、修行するシャカの〝身体〟の解説はあっても、その哀れな姿にくらべてひときわ大きく、輝くような〝頭部光輪〟についてはひとことも記述がない。奇妙なことだ。この光輪があるからこそ、苦行するシャカの、身体を

①釈迦苦行像、ガンダーラ、3～4世紀（ラホール博物館蔵）
②聖観音坐像、鎌倉時代（ボストン美術館蔵）
③仏座像、北魏時代（386～534）（ボストン美術館蔵）

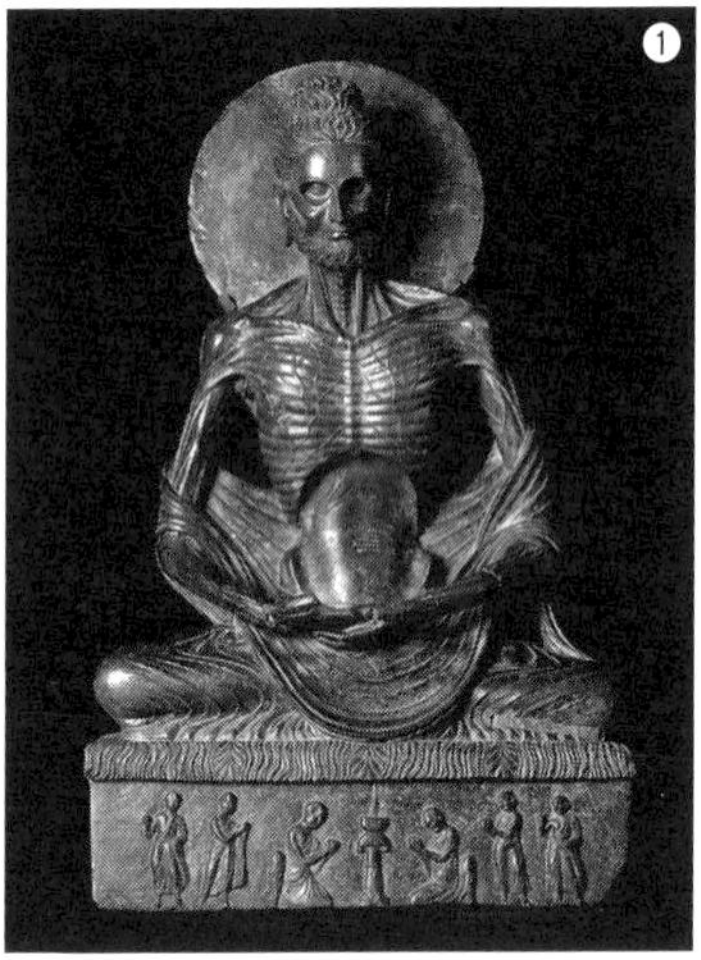

超えた崇高さが実感できるのではないか。のちにブッダとなったシャカの霊的資質の高さが、この光輪にはっきりと示されているのである。そして、一世紀ごろに出現したシャカ像の光輪こそが、のちのちまで仏像につきものとなった光背の起源なのだ。

◉文明の進展はオーラ能力を衰弱させる

このように、一般に仏教学者も美術研究家も、〝光背〟をできるだけ避けて通ろうとする。たとえ言及することがあっても、それは仏像の崇高さを強調するための特殊装飾品である、という説明にとどまっている。

そうだろうか？

それならなぜ、光背はわれわれに〝ときめくような〟感動を、霊性のシンボルであるという確信めいた思いを起こさせるのであろうか。その証拠に美術展のカタログの表紙に選ばれた写真は、「釈迦苦行像」であり、それも頭部光輪を大きくクローズアップした構図が採用されているのだ。

この際すなおに、こう考えてはどうか？

古代インド人や仏教圏の人びとはシャカや聖者、ヨガ行者たちの修行する姿に重ねあわせて、その身体から放射する「オーラ」を見たのではないか。そしてその後、どういうわけか、このオーラを見る「オーラ能力」は一部の人びとを除いて失われていったのだ、と。こう考えると、すべてのつじつまがあうのである。古代のある人びとはオーラを見、それをそのとおり絵画や像に表現した。

オーラはしばしば修行者や聖者の身体に出現し、一般人の身体に描きこまれている例はすくない。なぜだろうか。これらの問題を考え、とりまとめるとつぎのようになるだろう。

①古代人はオーラを見た。

②オーラは、万人が発している身体からの放射光であったが、図や彫刻に残す価値のある対象（偶像）に限って表現された。

③一般人の身体オーラを描くことは、何らかの法律によって禁止されていたのかもしれない。

④身体のオーラの形や強さ、色彩にさまざまな変化形があったが、人びとから尊敬される宗教人や権力者のオーラはとりわけ強力であったのだろう。

⑤その後、オーラ能力の持ち主は徐々に減っていったので、主として宗教的美術作品に、伝統的手法によって描きこまれるようになった。

⑥今日、オーラというものは社会に広く認められておらず少数の一部の人びとが見るだけなので、仏像の光背は装飾品だということにされた。

よく「光っている人」などという。

この表現のなかには、われわれのなかに閉じこめられたある感覚がこめられているのではないか。

それは、かつてオーラ能力によって〝光っている人びと〟を見た無意識下の記憶であると思われる。

だからわれわれは、オーラ能力はなくとも、〝光っている人びと〟を感じ分けられるのである。そしてその〝光っている人〟は、元気と生気にあふれた好感がもてる人のことをいう。つまり、今日われわれにとって、オーラが強い人びとは、元気と生気にあふれた人物として、感じることができるのだ。

退化してしまったオーラ能力、それをとりもどす方法はないだろうか？ また、オーラを機械的に観測する装置は発明されていないのだろうか？

これらについてはあとで詳しく述べるとして、ここでは、古代人がオーラを見たそのほかの証拠を検証しておこう。

◉古代人の〝見える能力〟には数々の証拠がある

仏像の光背が、古代アジア人のある一群の人びとがオーラ能力を持っていたことの証拠であるなら、いにしえのヨーロッパ人たちが保持していたと思われるオーラ能力の存在を証明するのは、古図に残された〈キリスト〉や〈聖者たち〉の「頭光」であろう。この例はやはり、紀元のはじまりとともに見られるようになったのだ。光背が全身に見られるのに対して、頭光は、その名のとおり頭部の後方や上方に円盤のように浮かぶ〝皿状〟の光の板であらわされている。

また、紀元前数世紀にさかのぼるとみられるメソポタミア文明にも、「オーラ」の存在を証す意匠が残されている。当時の遺跡から発掘された布片にはっきりと、頭部に光る頭光を持ったニワトリの姿が浮きでているのだ！

証拠はまだある。

かつて一世を風靡したドイツのアマチュア考古学研究者、デニケンが、古代に飛来した宇宙人の姿であると推定した、古代人類が描いた壁画の人物像は、明らかに頭部オーラであると思われる。デニケンは、この壁画人物の頭部をかこむ輪を〝宇宙服のヘルメット〟であると推定したが、このようなこっけいな想定よりも、オーラであるとみたほうが自然であるようだ。


さらに探索すれば、古代の絵画や彫刻にオーラが出現している例が全人類的に見つかるであろうが、ここでは角度を変えて、失われたオーラ視の別な証拠を検討することにしよう。

頭部後方に浮かぶ皿状の光が頭光（サン・マルコ祭壇画／フラ・アンジェリコ）

◉鬼の角は怒れる人間のオーラを表象したものだ

よく〝角《つの》を生やす〟などという。

もちろん人間が〝角〟を生やすわけがない。怒っていることの形容であることは、いうまでもないであろう。でも、怒ればどうして角が生えるのだろうか？

ある人は、鬼になるんですよ、というかもしれない。しかし、しつこく考えると、それならなぜ鬼は角を生やしているのか、という疑問につきあたる。だいたい、この世のどこを見まわしても実物の鬼はいない。怒りの形相ものすごく角を生やした鬼、それがあの世の生きものであるかどうかはともかくとして、ここに明解な答がある。

鬼は怒ったときの人間の顔なのだ。

ここに一枚のオーラ図がある。私の研究所のオーラ能力者が描いた、怒っている人のオーラ図である。その顔はともかくとして、その人物の頭部にまっ赤に角がつき出ているではないか。かれによると、人間は怒ると赤のギザギザのオーラを激しく放射するという。しかも、この赤のギザギザオーラはとくに、頭から激しく射出されるという。この頭部のオーラは鬼の角によく似ているのだ。ちなみに、オーラ角は一本の場合と複数の場合がある。

つまり、いつの世からか、鬼を描きだした人物は怒り狂った人間のオーラを見ていたにちがいない。かれは、そのオーラ視によって見えた「角」と人間の実際の「怒りの形相」をまぜあわせて、〈鬼〉の顔を描いたのだ。

怒りのオーラ

アメリカインディアンの羽飾りは
単なる装飾ではない

般若面。嫉妬や恨みのあまり鬼女
となった女性を表す
（写真／森田拾史郎）

また、文明人が足を踏み入れる前の原住民たちは一風変わった服装と髪型を持っていた。アフリカのある原住民は後頭部に高くうずを巻く髪型を持っていたし、アメリカ・インディアンたちは頭部に美しい羽根飾りをつけていた。例によって人類学者たちは、あれは装飾だ、のひとことで片づけようとするだろうが、そうだろうか。

ここでも「オーラ説」を考えてみる必要がある。

未開人の世界では、部族のなかで位の高いものほどりっぱな髪型を結う習慣を持っているようだ。

◉生命力にあふれた人のオーラは強く美しい

私の研究によると、人体オーラには、――

①放射の強さ（身体からの放射距離と放射の密度による）
②身体からの放射の分布（頭が強いとか足が強いとかいったもの）
③オーラ放射の形（さまざまである）
④オーラの色（ひとつの色だけのことはまれである）

という四条件がそなわっている。また、たとえば①の放射の強さについて、必ずしも体格のよい人が強いオーラを持っているとはいえず、やせた人でも強力にオーラを放射している人物がいるのだ。つまり、オーラは肉体のコピーではない。ではなにか。

活力とか生命力、生気の強い人物、そのような人びとのオーラは強く美しいのである。

アマゾンやニューギニアに今も存在するとされる未開部族のボスは、たとえ体格はよくなくとも、きっと部族員を統率する活力に恵まれていたことだろう。その証拠に部族の長老は体格は衰えていても依然として、部族員を従わせる〝圧力〟を持っているのがつねである。しかし、肉体的パワーの衰えによって継続的なパワーの放出ができなくなると、代わりに、オーラや生気を象徴する髪型や羽根飾りなどの装飾品を用いたと思われる。青壮年期のボスは、自分のパワーをいっそう誇示するために華麗な髪型を結い、豪華な衣装や装飾品を有効に使ったのである。

このようなオーラにかわる装飾手段を用いることによってかれらは、オーラの強さや身体の分布、形状や色を自由に加減できたのだ。

現在地上に残されている歴史的遺物を考えるにあたって、オーラ視現象を導入することによってのみ、合理的に解釈できる遺物が数おおくあると思われる。ここでは仏像の光背や鬼の角、それに古代人や未開の人々の特殊装飾をとりあげたが、そのほかにも多数あるだろう。読者も考えてほしい。

書き忘れたが、北欧にも一本角や二本角、もっとおおくの角を持った鬼が存在し、その地方の祭りに仮装してあらわれる。ローマ法王の帽子状の王冠、バリ島におけるバロン・ダンスの舞い手の華麗な装飾など、オーラを思わせる服装（とくに儀礼装におおい）は全人類的に見られるのだ。

このように、歴史のなかで見すごされてきたいくつかの事例を検証してみると、過去において、現在よりもはるかにおおくの「オーラ能力者たち」が存在したことが推定できる。時代が上るに従って何らかの理由により――たぶん、物質を重視する近代科学が確立されるにつれて――、人間の生命力や生気、それにその人の性格や感情を直接に表現するとされるオーラ現象は、ほんのひとにぎりの人びとによって細々と認められる現象になってしまったのだ。

科学文明のまっただなか、あるいはその夕暮れの時代にあってわれわれは、オーラ能力を失ってしまった。

だから、オーラによってのみしか観測できない生気の衰えに気づかずにいる……。現在のところ、ようやく科学的測定器がこの生気をキャッチしはじめたにすぎない。そして、われわれの生命力はじわじわと弱りはじめ、この影響が子孫にあらわれ、つぎの世代の人間がいっそう生気乏しく生まれてくると予見できても、手をこまねいているだけなのである。

何とかならないだろうか?

この動きをくい止め、われわれが生気をとり戻す方法は、第Ⅱ部で考えてみるつもりだ。とりあえずは、オーラ存在の証拠を示すために、検証をはじめよう。

3　オーラを〝見た〟著名人たち

人類のなかには、それと気づかずオーラを〝見て〟いた人びとがいる。感覚の鋭敏な芸術家、先駆的な科学者、それに超能力者とごくふつうの人びと……。その系譜をひもといてみよう。

林武という著名な画家がいる。

オーラ研究を開始した頃のことだ。ふと立ち寄った書店のショウウィンドーに飾ってあった画集を見て、いいな、と思った。たしか「十和田湖」をテーマにした絵だったと憶えている。けれども、深い紺色の湖の色と、息苦しいまでにうっそうとした対岸の樹々が緑色に描きこまれているその絵を見ながら、へんだな、と思った。

対岸の緑の稜線と空との間に力強い朱赤の線が一本、ズバッと描きこまれていたからである。

山と空の間の朱色の線、それは、現実には決して見えないはずの色彩である。写実的な画風のなかでひときわ鮮やかな朱色の筋は、非合理的な色彩であるにもかかわらず全体として、その絵を力強く魅力的なものにしていた。しかし、私のこころのなかには、この朱色の線が疑問をはらみな

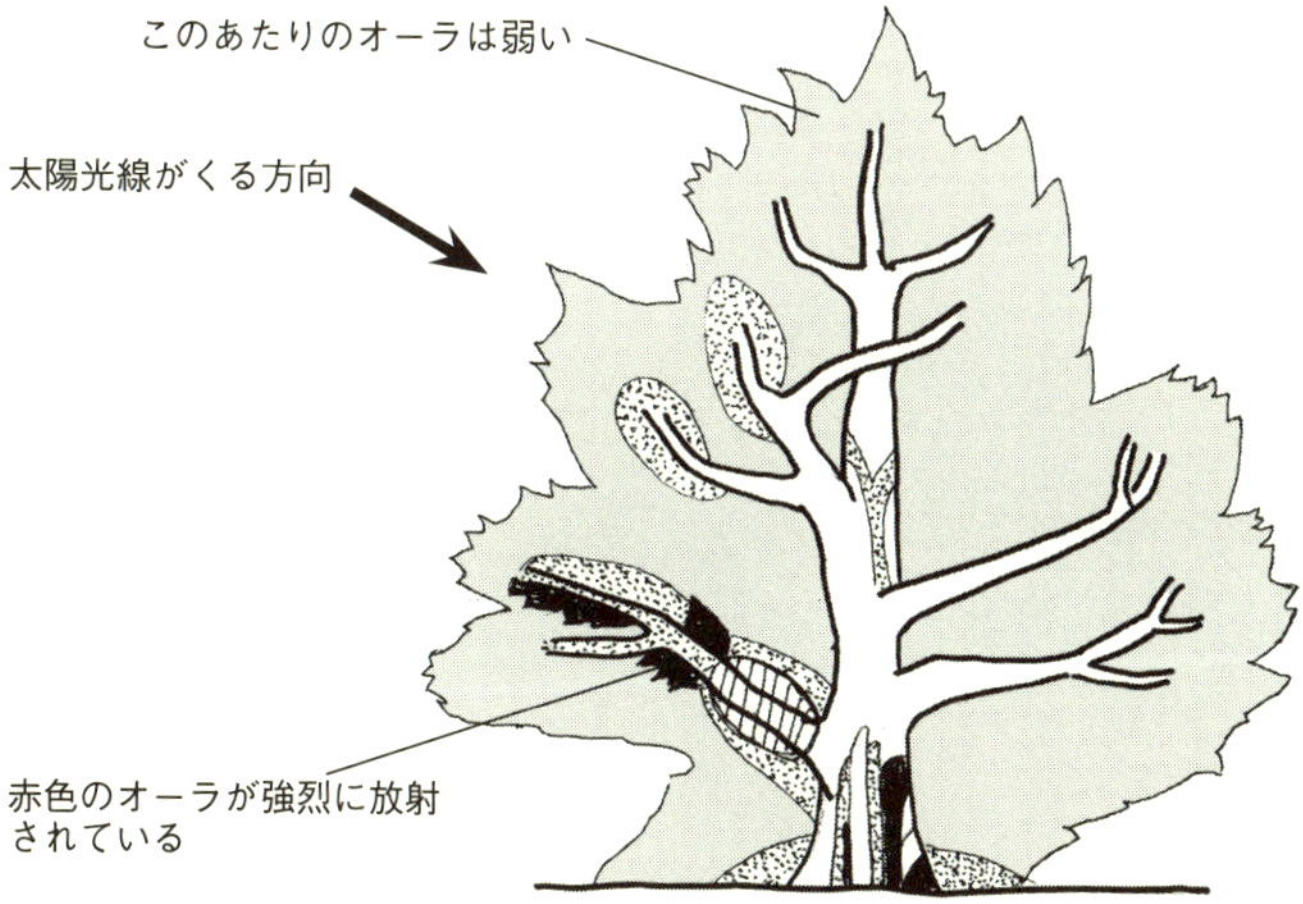

樹のオーラ図

がらわだかまりはじめたのである。——林武画伯はいったい、ナニを見たのだろうか？

四年がすぐ経った。

ときおり思いだすその謎を考えてみたものの、日々の忙しさのなかにとりまぎれて、その答はえられないままであった。

ある年の三月、桜咲く季節に私とオーラ能力者、S・Wは名古屋に取材するため小旅行をした。取材の段落がついてから、私たちは名古屋城に向かった。公園で憩っているときのことである——、突然、S・Wが桜の樹を見ながら言った——、あの桜のオーラはきれいだな」

「何色なの？」と私。

「あそこの太陽のほうに向いている枝なんだけど、赤とオレンジの光が強力に出ているよ」とS・W。

「ええっ」といったきり、私は黙りこんだ。まぶたの裏に林画伯の絵が浮かびあがったからである。

いつも実験は室内で行っていたので、うかつにも樹々のオーラが赤やオレンジだなどとは思いもしなかったのだ。さっそく、画用紙にその〈オーラ図〉が描かれていった。

林画伯の〝朱色の謎〟は明確に解けたかのようであった。

◉林画伯、詩人ランボーは、オーラを見ていた

画伯は常時かときおりかはわからないが、風景図を描くときに、すくなくともある一瞬、オーラを見たにちがいないのだ。樹に見られるオーラの色が、S・W～林氏と共通していることからみて、まちがいないと思われる。

オーラなどという科学の教科書にのっていない現象は、しばしばみすごされたり、かくされたりする。画家である林氏は質問でもされない限り、自発的にその「異常な視覚」を広言することはないだろう。仏像のところでみたように、美術家や評論家は仏像の光背を〝たんなる装飾〟であるとしかみない。かれらの頭のなかにオーラの知識は皆無なので無理もない。まして、樹々のオーラに注目する論者はひとりもいない、といってよいかもしれない。

でも、現実に見える人びとがいるのだ、画家のなかにも詩人のなかにも——。

その詩人の例として、ランボーをあげておこう。

これも私が発見したことなのであるが、ランボーがオーラを見た？　と、けげんな顔をせずに読んでいただきたい。彼の作品、『太陽と肉体』にはつぎのような部分がある。

——ぼくにはなつかしい、この世の生気と、大河の水と、緑なす樹の薔薇色の血が——（栗津則雄訳、傍点筆者）

また、作品『二十の返答』には——、

——どの枝からも血のような緑の雫が……という表現がある。

二つの記述を見ていると、ランボーが緑と赤、二つの色を同時に見たことがわかる。緑は葉の色として、赤はナニか？　オーラではないのか？　ここでも林氏～S・W～ランボーという〈見えない色〉の共通のつながりがあらわれているのだ。S・Wによると、樹々の緑の赤系オーラは〝木の生気〟であるという。さきに引用したランボーの『太陽と肉体』によれば、彼もおなじことを考えていたことがわかる。

樹々は赤い生気を空中に放出しているのだ。

それは空気を活生化し、人間の生命力に関係しているナニかのはたらきをしているのだろう。

◉人間は誰でも潜在オーラ能力を秘めている

話を信用しにくい読者につぎの例はどうだろうか。

ある日、私の講座に出席した女性から手紙がまいこんだ（私は以前、東京池袋・西武百貨店コミュニティ・カレッジにおいて、日本初の超心理学講座を十数年にわたって担当していた)。差出人は練馬区の江刺さんである。手紙にはこうある。

――ランボーの詩とオーラの話、ありがとうございました。私の記憶のなかにも鮮やかな風景があります。子供のころですが、夏のよく晴れた日のことで、小道があるだけの裏山なんですが、光の中で樹々の緑とローズピンクといった色がキラキラと踊っているようでした。おっしゃるようにいつでも人間は、気やオーラを感じあるいは見ているのだと、私も思っています。(傍点筆者)

彼女は、私がオーラやランボーの話をしたのを聞いてはじめて、子供時代のことを思いだしたのだ。読者も、こんな体験はないだろうか? あとで述べるように、人間は誰でもオーラ能力を潜在的に持っており、それは開発されるのを待っているのだ。

超能力者の例をあげてみよう。

アメリカが生んだ眠れる予言者、エドガー・ケイシーは、催眠下で数々の〝リーディング〟を行った。それは予言から病気治療、前世のことまで、きわめて広範囲にわたっている。ところでかれは、同時に、優れたオーラ能力者であった。

とくに私が興味をひかれるのは、ケイシーが優れたオーラ能力をもちながら、自分ではそれをちっとも特別なことと思わず「誰でも人間や物体のまわりに光を見ているのだ」と信じこんで、子供時代を過ごしたことである。青年になって「人間のまわりの光の放射」について他人に語ったところ、自分以外のほとんど誰もが「そんなものは見えない」と語ったのである。

この例にみられるように、優れた超能力《サイ・パワー》の持主は、先天的なものがおおいのだ。

この本によってきっと、読者の何人かは「自分が見ていたのはオーラだったんだ」と気づかれることだろう。私の講演会や講座に出席した人びとのなかから「私もオーラらしきものを見ました」と名乗られる方はすくなくない。二〇一二年の「よみうり文化センター」(大阪・千里中央)講座において実験を含む調査をしたところ、参加者の四〇名の中、一〇名の方は〝オーラ視を持っている〟と判断された。また、その他の一四名の方は不完全ながら、オーライメージを感じとっていたのである。オーラが見える人はすくなくないようだ。また、小学生ぐらいまでは〝オーラ〟が見えていたが、後に見えなくなった人もおおいと考えられる。

◉すべての生物と物体は未知のエネルギーを放射している

科学者の例をあげてみよう。

ただし、現代科学はオーラ現象を〝未知〟だとして認めないので、オーラが見えると公言した人の例はほとんど聞かない。個人的には私の知人であるT・A博士(物理学者)、K・K博士(工学者)などの例を知っているが、その他の人びとは名前を表にだしたがらない。やはり、おかしく思われるのを恐れているのだろう。

海外では少々事情がちがう。

アメリカの医学博士、カリギュラ女史は、自身のオーラ能力を用いて主として精神障害の治療に役立てていたというし、同理学博士、リー・R・シュタイナー博士も心理障害とオーラの関係を追究していた。

科学の先駆者でクレオソートの発明者、カール・フォン・ライヘンバッハは同時に、オーラ研究の巨大な先駆者でもあった。

筆者はライヘンバッハの著書『神秘のオド・パワー』（日本教文社）を翻訳したが、絶版になっているのですこし紹介しておこう。

ある日のことかれは、ふと思いついて水晶を暗室のある所に置き、霊能者の手をひいて暗室に導き入れた。そして、「何かが見えないか？」と尋ねて、暗に水晶を探すようにしむけたのである。

霊能者はあちこちを見まわしていたが、ついに「露のように光る物体が見える」と言ったのである。

霊能者によると、水晶に手を近づけると、先端からは〝ひんやりとしたそよ風〟が流れてくるように感じ、底面は〝なまぬるい感じ〟だという。また、とくに敏感な知覚能力を持っていたアンジェリカ・ストゥルマンという少女は、水晶の先端から〝ブルー〟の光が上方にゆれ動き、底からは鋭い赤黄の光がでていると述べたのであった。

幾度も幾度も実験をくりかえし、この効果は真実であるとたしかめられた。

ライヘンバッハは考えた——この光の根源は磁気でも電気でもない。いったい何なのだ？　そこでゆきづまったかれは、水晶から発するエネルギー（光）にオド・パワーと名づけたのである。さらにかれは考えた。水晶もまた磁石と同じように極性を持つ、と。

その後彼は、同じ効果を人間にも磁石にも見いだしていった。それらの発見はふたつのことに要約される。

①人間、水晶、磁石、そのいずれもが未知のエネルギーを放っており、それを色や放射の流れとして見ることのできる能力者が存在する。
②このエネルギーにオド・パワー（Odic Force）と名づけてさらに研究すると、すべての物体と生物は「極性」を持つことが判明した。
磁石の北――冷たい――ブルー色――人間は右側――陰極
磁石の南――なま温かい――オレンジ色――人間の左側――陽極

カール・フォン・ライヘンバッハ『神秘のオド・パワー――もうひとつの科学史の発掘』岡田圭吾・井村宏次訳

かれの発見はこれだけにはとどまらない。

人間同士の〈エネルギー交換〉などについても新発見を述べているので、本書第Ⅲ部「生気とオーラの発現能力開発法」のところで紹介しよう。

ともかく、かれが発見し〈オド・パワー〉と名づけたものが「オーラ」であることはまちがいない。まさにかれは、先駆者であったのだ。しかし、かれの発見は、物質万能の科学へと急転回してゆきつつあった当時の学会からしめだされた。こうしてオーラ研究は一九〇〇年代のはじめ、イギリスのキルナー博士によって再開されるまで、科学界から消え去っていたのである。

オーラや生気の現象は、たんなる風変わりな現象、いかがわしげな道教《タオ》やオカルトにとどまるものではない。たしかに、それらをいかがわしく扱えばいくらでも〝けったいな〟病気治療法や宗教的行法が生まれる可能性があり、事実、日本と世界をとわず、そのようなものが多数存在するのである。

しかし、この現象を冷静に〝科学的に〟扱うならば、おおげさにいうとまったく新しい〈オーラ・サイエンス〉を生みだす可能性がある。この新科学のもとでの応用技術はきっと、〈オーラ・テクノロジー〉と呼ばれるであろう。

ライヘンバッハ、この偏見なき科学者は、日常のなかに、人知れずひっそりと展開されている「光の饗宴」「オーラのドラマ」を発見したのだ。

◉あなたの熱烈な信奉者は、恋人は、光っていなかったか？

さて、日常のなかのオーラ現象といえばほかにもある。

読者はコンサートやスポーツの試合のひとつやふたつには出席したことがあるはずである。そのときのことを思いだしていただきたい。

仮にあなたが誰か、スポーツ選手でも歌手でもよいが、あるスターのファンだったとする。

コンサートはフィナーレに近く、もりあがっている。

試合は両者（あるいは両チーム）の闘いのクライマックスだ。

あなたの目はスターの一挙一動に向けられていたはずだ。エキサイトしているあなた——と、ある瞬間（たぶんあなたの声援が最高潮に達したとき）、そのスターが「光って」見えなかっただろうか？　この一時的な、〝発光現象〟はオーラが強力に放出された瞬間なのである。このようなとき、かなりおおくの人びとが日常的には見えないオーラを〈見ている〉と思われるのだ。バンディニ・ブラウンは例のボクサー、モハメッド・アリが暗闇のなかで〈輝く〉のを見たという（『スポーツと超能力』日本教文社）。

また、尊敬の気持ちが非常に高まっていると、その人のオーラが光って見えることがある。宗教に入っている読者は、そのような会合でこの体験をしなかっただろうか？

恋人と待ちあわせをしているあなた。少々、約束の時間に遅れているので小走りにかけてゆくと、待ちあわせ場所はひどい人ごみでうずもれていた。

でも、あなたは黙々と人ごみをかきわけ急ぐ……、そしてある瞬間、おなじように見えるはずの人の群れのなかに、感動的に一瞬にして恋人を発見した……思いだしてほしい。その一瞬、まわりの人は灰色に見え、ただ恋人ひとりが光っていなかっただろうか？

おおくの場合、人びとはこれらの〈オーラ視〉体験を意識の下におしこめてしまうのだ。それは、この世に〈オーラ現象〉が存在することを、ほとんどの人が知らないからなのである。私の過去における講座において、オーラについて説明したあと、人間や生物、動物や物体が〝光って〟見えたことがないかというアンケートをとったところ、四〇名の受講生中、なんと一五名が何らかの〝発光〟を一度か二度見ており、オーラが見えるとはっきり断言した人が三名いたのである。

あなたはどうだろうか？

このような、日常の偶発的なオーラ視体験はそれっきり忘れ去られてしまう。

しかし、物体や人体や風景、イメージなどをつねに〝見る〟ことを自らに課している人びと、つまり画家たちは、知らずにあらゆる面での視覚や視作用をみがいているのである。彼らの視作用を列記すると――

①通常の眼で〝外界〟を見ること。
②こころの眼でイメージの世界を見ること。
③オーラ視によって、外界～の存在物のオーラを見ること。
④自発的、あるいは病的に幻覚を見ること。

◉ルドン――肉眼で見えるはずのない空間を描く

かれらが、このような視訓練によって、通常では見えない世界を見、ふつうでは決して立ち入ることのできない世界と接触しているだろうことは、十分に想像できる。この章のはじめで私は、林武画伯の例をあげておいた。

オーラを〝見た〟もうひとりの著名な画家の例をあげよう。

フランスの幻想画家にルドンという人がいる。

この例もまた、私のオーラ研究から発見された事実である。かれの画集を持っている読者はそれを参照しながら読みすすんでいただくとよい。神話などに題材をとった幻想的な作風で有名であるかれは、一方で、万人が納得できる、静かで幽幻な花の絵をいくつか残している。ルドンの作品は、

ルドン、野の花

言葉ではいいあらわせない空気感に満たされている。主題である人物や怪物などの周囲にはいつも、日本画調の淡く微妙な風合いの色の流れや広がりが描きこまれている。

その空気のようなバックはそれでも、主題に負けることなく、むしろ、主題と対等に非現実的な空間を形成しているのだ。この空間が主題を三次元的におおっている、といったほうがよいくらいである。

この不思議な空間が幻想的なテーマを描いたときのみ出現するのなら、話はわかる。たぶん、ルドンは

幻視や空想によって作画したのであろうから。しかし、実は、このような空気のような色彩空間が静物図、とくに花の絵に出現したとき、われわれはどう解釈すればよいのだろう。

かれが眼前の花を丹念に描きこんでいったとき、花の周囲の空間が、あのような淡い神秘的な空気に満たされ、しかもそれを肉眼で見たとは考えられないのだ。現実にかれの前に存在する花と、現実には見えるはずのない淡い虹色に輝く空間、そのふたつの視覚像を結ぶものは何だろうか？よく見るとその淡い虹色は、花に近づくほど濃く、遠ざかるほど薄くなっているのだ。

これらの疑問を解く鍵は「オーラ視」以外にないだろう。

その証拠は、私の研究室のオーラ能力者が描いた一枚のはち植えのオーラ図にある（カラー口絵参照）。この図では、花のオーラとともに花の上空、周囲の空間にただよう美しい空間オーラが描かれている。この空間オーラの共通性こそが、ルドンがオーラ能力を持った画家であったことの証拠なのである。

林画伯といいルドンといい、芸術作品にはしばしば、その作者がオーラ能力者であったことを証明する作品に満ちている。文学も例外ではない。私たちはさきに、著名な詩人、ランボーがオーラ能力者であったことをみたのである。

◉坂木龍一——うす青い色のさまざまなシンボルを見る

音楽家は例外であるといわれるか？

いや、そうではない。

音や音楽はしばしばオーラ性共感覚をひき起こすのだ。シューマンは音を聞くときつねに眼前に音の色を見ていたというし、私がある雑誌で対談した坂本龍一さんは、音を聞くとうすい青い色のさまざまなシンボルを見る、と私に白状した。

どうやら、優れた芸術家はオーラ視の持主らしいのだ。

しかし、例によって学者や評論家たちはオーラに関する知識を持っていないので、芸術家たちの内面や創作の秘密に深く立ち入ることがないのだ。読者も展覧会に行かれた折や、画集を眺められる際には〝オーラ〟を念頭に置いていただきたい。新たな発見があるだろう。

以上みてきたように、芸術家にはかくれたオーラ能力者がおおい。しかし、そのほとんど全員が、とくに尋ねられることがなかったばっかりに、その秘密を語ることなく死をもってどこかへ旅立ってしまうのである……。

また、街のなかにも、オーラ能力を持った人物がひっそりと生活しているのである。かれらもまた、尋ねられない限り、幻光体験やオーラ視体験を語ることがないのだ。それらの体験を学習し、訓練することによって、それらの人びとは（後の章で述べるような）未知の驚異的な現象と出会い、もうひとつの未知の空間から超能力《サイ》的な情報をとりだし、自分や他人の病気治療能力をひきだせるかもしれないのに……。

そして、あなたもそのひとりかもしれない。オーラ視は、サイ空間をひらくための第一の鍵なのだ。

4 スターの〝華のオーラ〟と聖職者の発光現象

――スターがスターであるゆえんは、蠱惑的な魅力にある。真摯な宗教者はときとして〝発光〟するという。その正体はナニか？　いま白日のもとにさらそう。

精神的にエキサイトしたときに見えたり感じたりできるオーラがある。それは、オーラというより人体からの〈発光〉や、見えないが強力に感じる気配だといったほうがよい。

この種の現象は、それを体験した人が、ある人物の熱烈なファンであったり、信奉者であった場合に起こる。具体的にいうと二つのケースが考えられるだろう。

①芸能界のスターなど、著名人が持っている人をひきつける雰囲気に酔わされる場合。

②宗教を通してある人物を信奉している人が、その宗教人に会って強く感動し、かれのまわりに強力な光輝を見る場合。

①について説明しよう。

スターたちは大なり小なり、一般人とはちがった色や形のオーラを持っている。オーラの強さはふつう体調を反映するが、スターの場合、体調の悪いときですら舞台に立ったりスタジオで本番を迎えたとき、一時的にかれらのオーラは強くなるのだ。私が会ったスターや著名人たちはほとんどいつも疲れていて、そのオーラは弱かったが、いったん仕事である対談や取材に入ると果然、オーラは一気に強まるのがつねであった。

だから、スターは〝オーラ・カメレオン〟なのだ。

私の研究によると、緊張したときには誰でも、一時的にオーラは強くなるが、スターの場合、状況の変化によって〈直ちに〉〈強力に〉オーラが変化したのである。むずかしくいうと、このスターたちの特性は、かれらのエネルギー体の可変レヴェルやレンジが大きいことを示しているのだ。

この際、「エネルギー体《ボディ》」という言葉は覚えておいてほしい。人間の身体のなかや周囲には科学がいうもののほかに、もうひとつのエネルギーである「生体《バイオ》エネルギー」が流通しており、しかも、この生体エネルギーの存在を強く推定する超心理学のある一派の人びとは、その生体エネルギーを収容する〝もうひとつの身体〟である「エネルギー体」の存在を強力に推定している。

かれらの説によると、このエネルギー体こそがオーラの源であるというのだ。この第二の身体《セカンド・ボディ》と肉体の関係について、生体エネルギー派に属する研究者たち（私もそうである）は、つぎのようにいう。

肉体の変化・こころの変化↓エネルギー体に転写↓肉体に反映・こころにゆらぎ↓エネルギー

さて、スターたちはこのオーラ特性のほかに、もうひとつの特徴的なオーラを持っているらしい。それは「華《はな》のオーラ」である。

体に固着→肉体の病的状態・こころの新たな片よりの発生

◉スターはみな「華のオーラ」を持っている

あるプロデューサーによると、ドアを開けて入ってくる瞬間に、これはスターになる子だ、と直感するというのだ。雰囲気にすごい〝華〟があるという。

この場合、〝雰囲気〟とはオーラ（エネルギー場）のことであり、〝華〟とはオーラが派手で華やかであることなのだ。あとで述べることにするが、オーラには――

①直接に〝見る〟場合
②見えないが（オーラ能力はないが）、〝感じる〟場合

のふたつのとらえ方があるのだ。

およそスターと呼ばれる人びとで、華のオーラや雰囲気を持たない人はいない。スターには美しい人も美しいとは思えない人もいる。もっとも最近は「整形美人」や「かつら美男」もおおいので、本当のことはわかりにくいが……。

スターの条件はたしかに〝美しい〟ことであるが、だからといってこの条件は絶対ではない。たんに美しいだけの人なら近ごろはごまんといる。

もうひとつ、スターになるには必須の条件がいるのではないか？　それこそが、〝華〟という言葉に示されている、一般人とはちがったムード、雰囲気、などといったものなのだ。このムードはたいてい先天的であるようだ。しかも、このムードは〝人をひきつけるもの〟でなくてはならない。たとえある人のムードが一般人とはちがったものであっても、それが〝陰気〟なムードであれば、きらわれることはあってもスターになることなど、とうてい無理というものだ。

もっとも、〝陰気〟なムードと〝静かな〟ムードはちがう。筆者の会った個性派中堅俳優のＩ・Ｓさんは、めったにない〝静かで透明〟なムードを放っていた。彼がじっと坐っているだけで絵になる姿であった。〝人をひきつけ〟〝会うだけ見るだけで〟相手の人に「よかった」と感じさせるムード、これこそが華の正体である。

◉「指紋」と同じレベルの「オーラ紋」が存在している

では、この正体の奥にナニがあるのか？

身体を肉体だけだと思っていたのではいつまでたっても謎は解けない。人はそれぞれ、その人特有の〝雰囲気〟や気配を持っている。誰かのことをふと思いだす場合、その人の顔も当然こころに浮かぶが、それよりも〝その人の感じや雰囲気〟をこころに再現しているはずである。

顔や容貌はあくまで、その人の雰囲気や気配を代表する「物質的根拠」にすぎないのである。

この気配の奥にナニがあるか？

それこそが、各人に固有な「エネルギー体」なのだ。われわれはある人物の〝肉体〟を眼で見、〝気配、エネルギー体〟を〝感じる〟のである。容貌にふたつとないように、エネルギー体にも〝似たもの〟はあっても、そっくりおなじものはないのだ。だからわれわれは、ある人物のことを思いだす場合、まちがえて〝似た誰か〟を思いだすことは決してないのだ。

現代科学はいまのところ、直接にエネルギー体を検出することはできない。しかし、人類が「エネルギー体」と、それがオーラ能力者に「オーラ」として見えるという事実に気づけば、その手段は必ずや発見されるだろう。〈指紋〉や〈声紋〉、〈血液型〉とおなじように、各人がひとりひとり他にふたつとない〈オーラ紋〉や〈エネルギー体紋〉を持っていることが、発見されるだろう。この「オーラ・テクノロジー」が完成するまで、われわれは、せいぜいオーラ能力をみがいてデータの蓄積をはかるべきだ。

このようにみてくると、スターたちは、その容貌の美醜とは別に、変わったタイプのエネルギー体を持ち、その味を外部に強力に放出しているのである。

これこそが、華のオーラの正体なのだ。

●聖者・宗教的リーダーも〝光って〟いる

もう一群、人間社会にあって、とりわけ特徴的で強力なエネルギー体を持った人びとがいる。それは宗教的リーダーや聖者と呼ばれる人びとなのだ。

世界的に名高い「ルルドの泉」の発見者、聖母マリアとの交流者であったといわれるベルナデッタの例をあげてみよう。

フランスとスペインの国境に位置するピレネー山脈のなかほど、フランス領の山村〝ルルド〟にスビルー一家は住んでいた。この家の長女として生まれたベルナデッタがのちに、マリアのお告げを伝える役目を担い、お告げによって〝ルルドの泉〟を発見することなど、誰が想像しただろうか。

一八五八年、この身体の弱い製粉業者の娘は、妹やとなりの娘とともに薪《まき》をひろうため、山にわけ入っていったのである。マッサビエルといわれる洞窟のところまできた彼女たちは、川むこうに見える薪にひかれて川を渡ろうとした。そのとき、突然、大風が吹いたかと思うと、それが合図であったかのように聖母マリアが出現したのである。が、その姿はベルナデッタひとりに見えるヴィジョンであった。

その話を聞いていぶかしむ両親、心配した親たちは、くちぐちに二度とそこへ行ってはならない、とさとすばかりであった。しかし、三日後の二月一四日、ベルナデッタは再び、〝そこへ行かなければならない〟という衝動に駆られるのだった。何人かの子供たちをつれて洞窟に向かったのである。またも出現したマリア、事情がのみこめずに、ひたすら祈る彼女を見守る子供たち、でもかれらはベルナデッタがそのとき、目立たぬいなかっぺの少女から、神々しいまでに光り輝く聖少女に変貌するのを見たのだった。急をききつけて駆けつけた村の青年は証言している——。

あの時、ベルナデッタの顔は、ちょうど白蠟のようだった（中略）ほほえみの中に涙をうかべ、

凛とした美しい姿！　私は神々しさに打たれて、近寄ることができなかった。（志村辰弥・訳）

宗教的感動がひき起こされる場面には、このような情景がつきものなのだ。この場合、つねにつぎのような当事者が登場するのである。

①宗教的感動を能動的に放射する人物。

②その情景や言説に感応する人びと。

もうひとつ例をあげよう。

聖リドウィナとのちに呼ばれた尼僧の伝記のなかに、彼女が何度も〝発光〟したことが述べられている。

　彼女は……非常な神々しい光に包まれていました。……いつもは暗闇の中に横たわっていたので彼女の目は光に耐えられなかったにもかかわらず、その神々しい光は彼女にとても心地よいものだったのです。……彼女の独居室にはまるでランプか暖炉がいっぱいあるかと見えるほどに、不思議な光が満ちていることがしばしばあったのです。（『スポーツと超能力』山田和子・訳）

この種の宗教者の発光現象の例は、枚挙にいとまがない。同書にあげられている例——聖フィリップ・ネリ、聖カルロ・ボロメオ、聖フランソア・ド・サール、ラマナ・マハルシ……。つまり、このような発光現象は、その報告のおおさからみて作り話やうそとは思えないのだ。この場合、さきに記したように①発光した人、②発光の観察者、の二者が必ず関与しており、この二者に共通する要素は〝宗教的感動〟なのである。

はたして、この人体発光現象の原理は何であろうか？

それを考えるには、さきに述べた「エネルギー体」を考慮に入れるべきである。

◉気は第二の身体（エネルギー体）のなかを流れる

気や生体エネルギーは、肉体と重なって存在する第二の身体であるエネルギー体のなかを流れる、特殊なエネルギーなのである。このエネルギーは科学の測定器の針を振らすことはないが、通常人が感じたり霊能者がオーラとして見ることのできるエネルギーなのだ。

エネルギー体は、肉体と対《つい》に考えるときは〝ひとつ〟であるとされているが、西洋の本流密教で、ヨガの教説を大幅にとり入れている「セオソフィー」の人びとは、エネルギー体をさらにいくつもの体に分けている。必ずしも私はその教説に同意するものではないが、一応表（次頁）にしてあげておこう。

表では「七つの身体説」をあげたが、人によっては四つ、あるいは五つの身体説を主張している。私は①肉体、②生気体、③コーザル体、の三重身体説が妥当であると思う。気や生体エネルギー（または、プラーナなど、すべて同じものを表現している）が流れるのは②の生気体である。ここで私の考えによる各身体とそのエネルギーをまとめておこう（次頁）。

身体の全景（身体多重説）

七つの身体の名称	特色と役割
①肉体 The Physical Body	いわゆる電子や光子からできた身体。現実の肉体、目に見える身体。
②エーテル体 The Etheric Body	エーテル複体ともいわれる。肉体の細胞や器官と重なって存在する。身体の外部にはみでており、拡張して遠くにゆくこともできる。
③活力体 The Vital Body	極微小な光点の集まりとして霊視される。ある人によるとこの光点は物質原子の中央にあり活力とともに振動するという。気やプラーナの容器で①と同じ形。
④アストラル（幽）体 The Astral Body	感情や欲望をつかさどる〝動物心〟がやどる身体で、卵型をしている。銀色の線で肉体とつながりながら外部に出遊する。
⑤低位メンタル体 The Lower Mental Body	理性、思考、意志のそれぞれこころをつかさどる身体。脳波とは、この身体のエネルギーが③の活力を使って出現させるものといわれる。
⑥高位メンタル体 The Higher Mental body	高次のこころと直観力の媒介体。美しい光体で、微小な分子が紅色に輝く。
⑦スピリチュアル体 The Spiritual Body	エレクトロニクス体またはコーザル体ともいわれる。高次の自我と霊的意識の本体で、この身体の存在によって人間は宇宙と結ばれている。

三つの身体	エネルギー	認識の方法
①肉体	電磁波エネルギー	目に見える（五官でわかる）
②生気体	生気（生体エネルギー）	気配で感じる オーラとして見える
③コーザル体	神気（コズミック・ネルギー）	オーラ・霊視できる

肉体、生気体、コーザル体の図

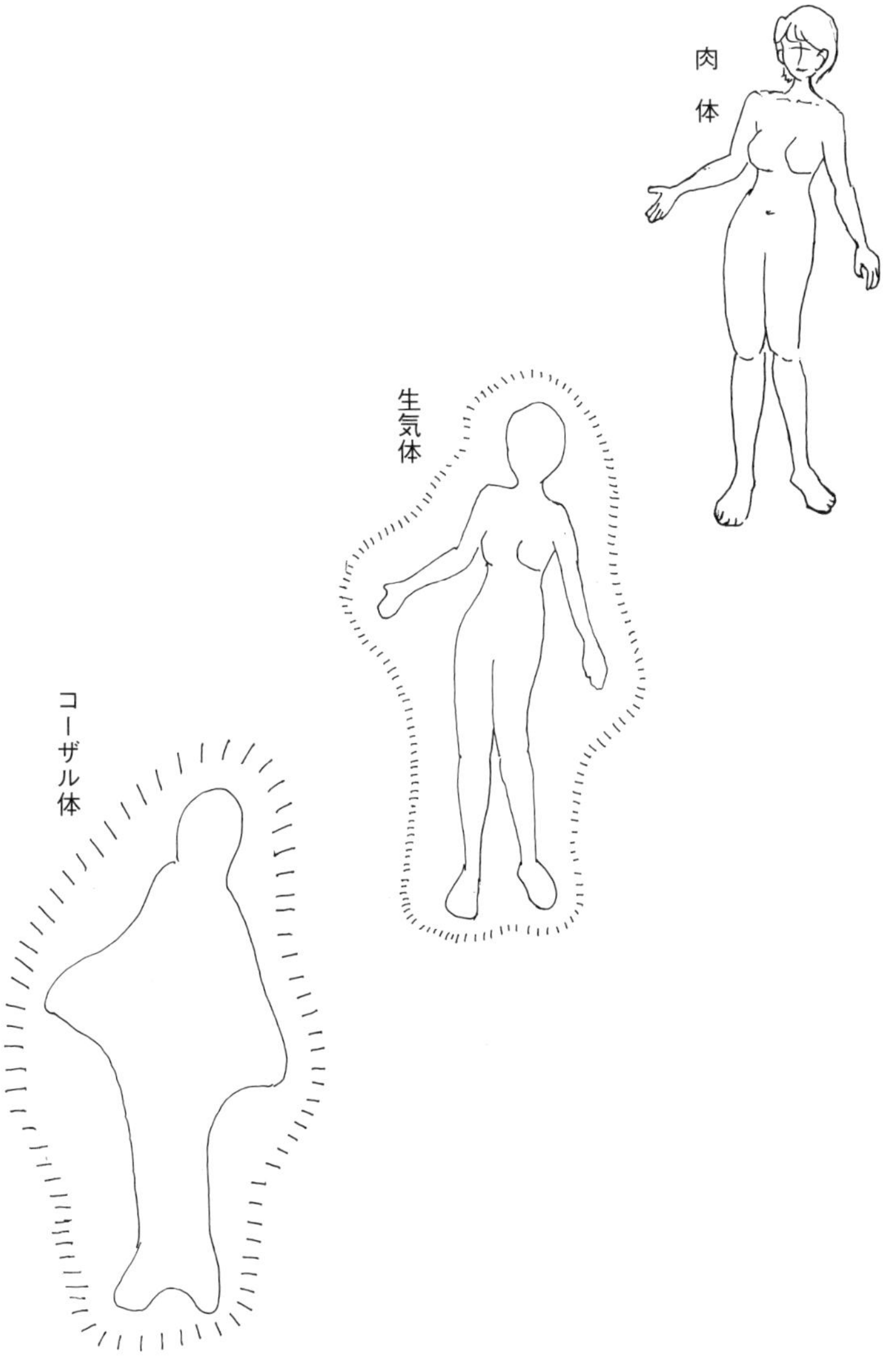

◉スター・聖職者は、余剰生気を放出している

さて、聖職者の発光現象はどのように起こるのだろう。

いま三種の人格を想定した場合、身体のエネルギー分布混合の度合いはつぎのようにいえる。

まず、一般人の場合、肉体と生気体、コーザル体の各エネルギー総量は二対二対一、になるとしよう。つぎの芸能スターの場合は一・五対二・五対一になり、一般人よりも生気がおおいのだ。さらに聖職者たちは一・五対二対一・五となり、神気がおおいといえる。つまり、スターと聖職者は三つの体のエネルギー・バランスが崩れた人たちなのだ。

だから、スターたちは、バランス上余剰となっている生気を放出しやすい態勢にあるのだ。コンサートやドラマなど、その職能を発揮しなければならないとき、かれらは生気を周囲に〝どっと〟放出するのである。このときの生気は「色気」といいかえてもよいだろう。

さきの、三種の人格における三つの体のエネルギー・バランスはあくまで〈量〉についていったのである。実際には、人が一〇人いれば一〇色の、一万人いれば一万色の身体の「特徴」「性質」というものがある。われわれはいつも、自分の身体に欠けている種類のエネルギーを外部から採り入れようとしているのだ。そこでわれわれは、自分の欲しいエネルギーを持っているスターのファンになり、そのスターが放出する生気を吸おうとしているのだ。

驚くべきことに、われわれは生気ドラキュラなのである。

よく人肌恋しい、などという。

また、山で凍傷を負った場合、お湯で温めるより人肌のほうがよいし、よく治るという。お手当、などともいう。カイロの熱よりも手の温もりのほうが気持ちがよい。マッサージ器よりも、手によるマッサージのほうが気もちがよいし、よく効く。

これらの日常的な事実をうまく説明する方法を、科学は持っていないのだ。

けれども、「生気体」にある「生気」がその裏側にある正体だといえば、納得できるはずだ。

人間がすべて同一の顔貌や体格を持ち同一の生気体を持つなら、スターは要らない。先天的に〝他人に与えるタイプ〟の生気を持っている人びとは、まわりの引きたてにより、放っておいてもスターになるのである。そしてスターはその生気を「色気」の形で外部に放射するのだ。生気が強いスターほどそのスター生命は長い。老いながらゾッとするような色気を放つ、と表現される老優は、そのよい例なのである。

この色気、肉体から放射される生気、こそが「華のオーラ」なのである。

つぎは聖職者の発光の謎を解こう。

この場合、問題になるのは「神気」である。

◉エネルギー体にも〝視覚〟がある

万人が神気の器となる「コーザル体」を持つことはさきに述べた。聖職者たちは見えざる上位世界からの導きにより、修行を深める生活に入るのである。それは少食であったり、粗食であったり、修道生活や思索生活、ときには祈請やメディテーションも行われるであろう。いずれにせよかれらは、肉体を超える何ものかを求めているのである。その結果、肉体にふりあてられたエネルギー量が質的に転換され、コーザル体に移動してゆくと考えられるのだ。

こうしてコーザル体という神気の器には、一般人よりもおおいエネルギーが蓄えられることになる。この生体エネルギーの質的な転換が高まると、上位世界と交流するパイプが太くなって、上位世界からの呼び声がいっそう感じられるようになるので、さらなる修行がくりかえされるのである。ところで聖職者たちが上位世界からの導きの波をうけとると、激しい興奮と感動が呼び起こされる。おおくの場合、そのきっかけを与えるのは信者や対面者である。

このとき、コーザル体のエネルギーの余剰分が一時的に、一気に放出されるのだ。そして聖職者も対面者も強い感動に襲われ、対面者はこの感動状態のおりに、一時的にオーラの視力が亢進し、放出されるエネルギーを「光」として見るのである。

読者に、このような発光現象の視体験者はいないだろうか?

私のコミュニティ・カレッジの講座において実施したアンケート調査によると、四〇人中一五名の人びとがオーラ視や、わけのわからない光を見た、と答えている。

のちの、オーラ能力の開発のところで詳しく記すが、人間の視覚の強さはゆれ動いているのだ。あるときは強く、あるときは弱くなる——、また、いつも正しく像を見ているとはいえない。歪んで見えることもあるし、ふつうの状態では見えない「光」が見えることもある。このときの見え方は、坂本龍一さんが私に語ったように、〝見える〟と〝感じる〟の中間の、特有な感覚なのである。実はそれこそが、私たちの〝見ること〟をつかさどっている中枢が、肉体と生気体、コーザル体に互いに重複して存在する証拠なのだ。

そうだ、われわれは肉体の視覚系でも、エネルギー体の視覚系でも〝見る〟ことができるのだ。ふつう、肉体の視覚に見ることは制限されているが、芸術家や一般人でも激しい直感に駆られるときは、エネルギー体視力を用いているのである。

最近の心理学によると、意識の状態は――

①通常意識状態＝ＯＳＣという。ごくふつうの覚めて日常生活をするときの意識の状態。

②変性意識状態＝ＡＳＣという。アルタード・ステートともいう。①とはちがった状態で、夢を見ているとき、アルコールで酔っているとき、麻薬を飲んでいるときなどの意識状態。

の、二種に分けられるとされる。この考え方は、意識を①現在意識と②潜在意識に分けるフロイト流のやり方とちがうので注意してほしい。フロイトは意識をピラミッド型に表現し、上部を①、底辺部を②とし、意識を深さで分けようとした。心理学では①を「意識」、②を「無意識」という。

ところで、カリフォルニア大学の心理学教授であったＣ・Ｔ・タートは、フロイト流の分類とは別に意識を「相」で分けるモデルを発表した。それがさきの①ＯＳＣと②ＡＳＣの分類なのである。

そして、強い感動は人間がＡＳＣにいることを示しているのだ。

人間の意識はつねにいろいろな状態にゆれ動いているのだ。外界からの信号の入力（アルコールや麻薬を飲むなど）によって、われわれのこころの座である意識は、①と②の組成を変えつつ、さまざまな「相」をあらわすのである（詳しく知りたい読者は私の訳書『サイ・パワー』、私の本『サイ・テクノロジー』の第六部第三章をごらんください）。つまり、ASC時に、人間は見えるはずのない光を見たり、感動に襲われたりするのである。

◉新興宗教は、教祖の「生気」に依存している

さて、コンサートにゆき、スターの「生気」「華」を感じたあなたは、望みのオーラを吸収したので満足して感動する（なかには感動の極に達して失神するファンもいる！）。また、尊敬する人物や宗教人などとやっと対面したあなたは〝強く感動〟し泣きだすかもしれない。しびれるような感動を味わうかもしれない。そのときあなたは、その影響力の強い人物から――

①その人の生気を吸収する。

②その人によって、あなたのコーザル体に一時的に、上位世界への通路《チャンネル》を開かれ、上位世界を介してその人物の神気と交流する。

――のである。

ただし、ふつうは①の場合がおおい。

宗教というと、いかにも高級なような先入観があるが、実際にはそうとばかりはいえない。ある

教祖が生まれつき強力な生気体を持ち、いつも大量の生気を蓄えている場合、その人物は神や仏といった上位世界とは何の関係もなしに、その生気を周囲にばらまくのである。信者は神や仏といいながら実際には、その教祖の生気を吸収し恍惚感を味わうために行動をともにする場合もある。いわゆるメスメルのいう動物磁気《アニマル・マグネティズム》的な生気が、教祖→信者、という流れをつくっているのだ。アメリカの自殺教団「人民寺院《ピープルズ・テンプル》」など、その最たるものだが、日本にもこの生気吸収型の宗教の小型をよくみかける。

②のケースはすくない。

歴史のなかで生き残ってきた巨大宗教は、やはり〝真実の香り〟を持っているといえる。それは、教主の生気を超えて長い歴史の流れに耐えられる「思想」「哲学」「人を救うもの」を保持しているからである。

あぶくのように生まれ、教祖一代限りで消えてゆく宗教は、教祖の「生気」に依存した〝生気教〟であり、仏教、キリスト教などの長い生命を持つ宗教は上位世界と連動する〝神気教〟であるといえるだろう。

このような観点から読者も周囲を見まわしてほしいものだ。そうすれば時間を無駄にすることなく、あるいは被害をこうむることなく真実を発見できるだろう。

スターと聖職者、この一見まったくちがってみえる立場にある人びとは、オーラの観点からみるとき、われわれを一時的な変性状態（ＡＳＣ）に導く〝ひきがね〟的な人物たちであって、その結果、変性状態に導入された私たちは感動し、満足し、ときには〝光《オーラ》〟を見、かれらが発光していることすら見ることがあるのだ。

こうして、スターと聖職者の謎は解けた。

しかし依然として謎は残る。

なるほど、オーラを見る人びとはいる、生気を感じることもままある。では、この生気（つまり、生気体のエネルギー）を、肉体の眼に見える形（つまり、肉眼で見える電磁波エネルギーの形）で採りだす方法はないのだろうか？

不完全ではあるが、あるのだ。

その方法、ロシアのセミヨン・キルリアンが発見開発した「キルリアン写真法」を、つぎにみてゆこう。かれは、この発明によってソ連政府当局から「国家発明賞」を授けられているのだ。

第Ⅱ部　あなたもオーラが見える

1　オーラへの挑戦者たち

――霊能者、オーラ能力者たちはいつの世にも、オーラの存在を主張してきた。そして、それを〝科学的〟に証明しようと生涯をささげた科学者もまた、陰の科学史をつむいできたのだ。

◉キルナーとオーラ・スクリーン

オーラ研究をはじめたころ、そう数はおおくないが、世界中の文献をつぎつぎと入手し、オーラの科学的研究法をそこに見つけようと血まなこになっていた私は、三つの方法が考案されていることを知った。それはつぎのとおりである。

①オーラ・スクリーン
②オーラ・メーター
③光電計

まず、「オーラ・スクリーン」法について述べよう。

この方法はイギリスの医師、レントゲン研究者、ウォルター・キルナーによって発明され完成された。一八六九年、キルナーはロンドンの聖トーマス病院に就職した。当時、W・K・レントゲン教授によって発見されたレントゲン線と、その医学への応用法が必死で開発されていたのである。若き医師、キルナーは、この体内が透視できる医学の〝新兵器〟に夢中であって、しばらくあとに自分がもうひとつの透視現象（超常現象としての透視）やオーラの世界に深入りすることになるとは、夢にも思わなかったのである。

しかし、運命は皮肉だ。

そのころ、もうひとつの旋風がヨーロッパに吹き荒れていたのだ。

それは、ききに第I部3で述べたカール・フォン・ライヘンバッハの〝オド・パワー〟の発見と、そのブームであった。人間の身体のまわりには、ある特殊能力者にしか見えないが、未知のエネルギー発光がある、それは極性を持っている未知のエネルギーの発見だ、と興奮気味の同僚、バビット博士から告げられたキルナーは、X線の研究からしだいに、この未知のエネルギーをキャッチする方法を求めて、研究に没頭していったのである。

何人かの透視能力者と遭遇し、かれらが明らかに人間のオーラを見ていることを確信したキルナーは、その後ついに、オーラを能力者でなくとも見ることのできる方法を発見し、一九一一年、その一部始終を『人間の《ヒューマン・》雰囲気的気体《アトモスフェア》』という書物であらわしたのである。

それは、ダイジャニンというコールタール系の染料を塗布したガラス越しに、人間を見るという方法であった。キルナーによると、健康人と病人はそのオーラにおいて、はっきりしたちがいがあり、透視能力者がオーラを見るのにはかなわないが、キルナー・スクリーンを用いると、病気診断ができる、と著書におおくの例をあげて主張している。

キルナーが発見したオーラの構造はつぎのように、三層になっているという。

①エーテル体オーラ……オーラというより、肉体とオーラの間にある〝すきま〟のように黒く見える部分。皮膚から上空約五ミリ幅で全身をおおう。

②内部《インナー》オーラ……エーテル体オーラの上空に重なって見える部分。その幅は人により、健康状態により変わる。

③外部《アウター》オーラ……内部オーラの上空に重なって広がっている。その幅は人により、健康状態により変わる。

ただし、キルナーによるとこの三層のオーラはふつう、いりまじって見えるという。この場合、人物をいろいろな色の背景《バック》の前に立たせると、各層の色がそれぞれ見えてくるとしている。また、たんなる発光以外に、光の帯がオーラの内部を走っていたり、暗い斑点や黒点が見えることもあるという。

キルナーが発見した方法はその後、オーラを観測するひとつの方法としてオカルティストの間に伝承されていった。……つまり、大きな反響を呼んだものの、その評価は高くなかったのだ。著述家のシビル・ファーガソンはいう。「かれは進みすぎていたのだ」と。

キルナースクリーンを通して見たオーラ

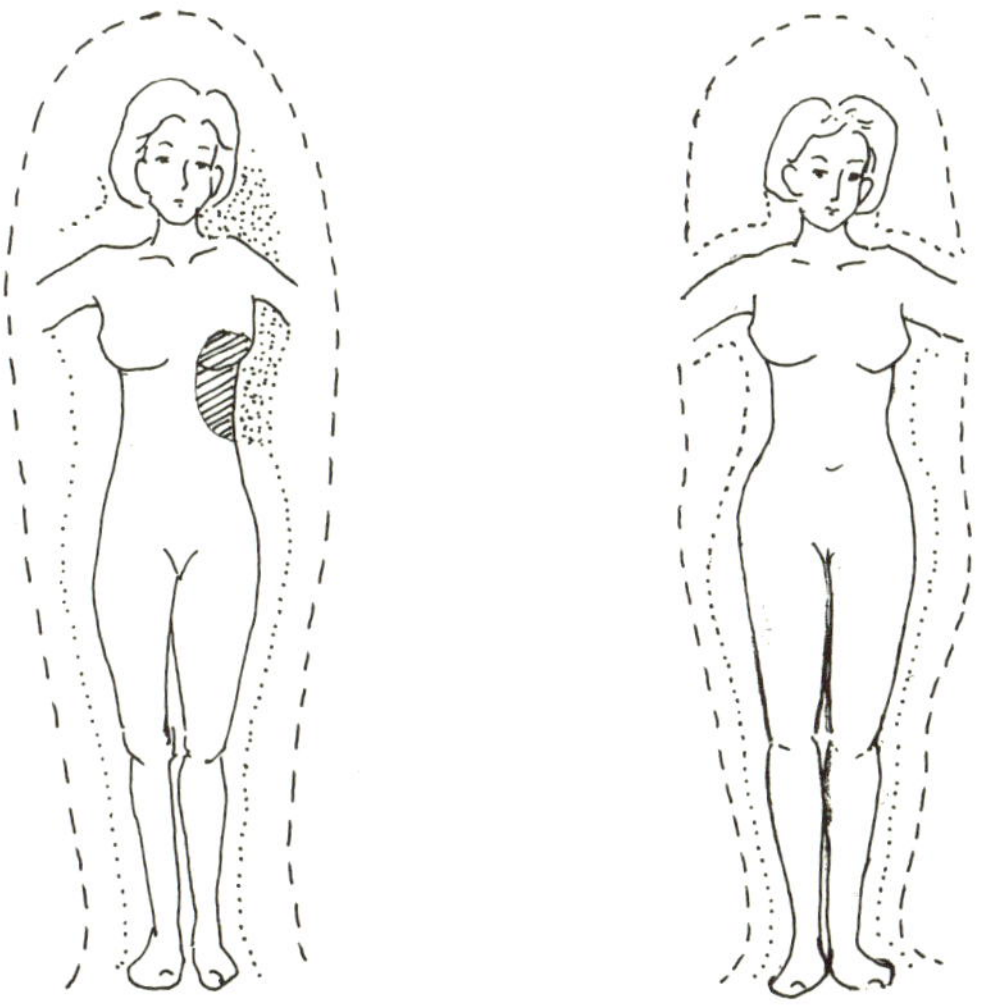

病的なオーラをあらわす
黒点と影が出現した例

健康な女性のオーラ

キルナースクリーンをつけたオーラ・ゴーグル

である。

◉オーラ・メーターと光電計

海外文献に〝オーラ・メーター〟という文字を発見した私は驚喜した。「これだ！」というわけである。

しかし、いろいろと文献を読みあさってその実態をさぐってゆくうちに、気持ちは急速に冷えていった。なんと、オーラ・メーターというのは振子《ペンジュラム》にすぎないのであった。その手順を示そう。まず、ペンダント（ガラスの玉や宝石製がよい）を用意する。なければ五円玉か五〇円玉を細いひもでつるす。ひもの長さは二〇センチぐらいである。

つぎに、誰か被験者になってくれる人を見つけ、裸体かまたはできるだけ着衣を薄くして、あおむけに横たわってもらう。

さて、前述の振子をひとさし指とおや指でかるく持ち、身体の上空一〇〜二〇センチのところに近づけ、それを上下、または左右にゆっくりと動かすのである。そうすると、振子がゆっくりとゆれはじめ、ある個所ではゆっくりと回転するというのだ。あせらないこと、静かに振子を移動させ、こころも身体もリラックスすること、というのがそのコツである。振子のゆれたところ、回転するところなどを用意した人体図に書きこんでゆくと、〈オーラ図〉あるいは人間の〈エネルギー場《フィールド》〉の図ができあがってゆく。

身体からの高さをいろいろに変えると、オーラ放射の境界がわかる。オーラ放射のないところでは振子はふれないからだ。
最初はへそから上へ、のど、あご、鼻というように移動させるとよい。ところどころ、振子が渦をまくところがある。その個所は、面あるいは点状にオーラが束になって放射されているところなのである。

この測定法のように糸につりさげた振子を用いて、さまざまな心霊鑑定を行う方法は数限りなく考案されてきたが、正直なところ私はもうひとつ入ってゆけないのだ。大の大人がバカバカしいという気持ちもあるが、それよりも、このような方法は〝測定者〟の心理状態を絶望的なまでに反映するのである。

測定者の心理姿勢 → 指先の振動となってあらわれる → 振子のゆれの拡大
対象吻（または人物）の情報 ↗

結果としての振子のゆれに、ときとして、測定者のサイ的印象や思いこみが入りこみすぎるのである。かといって、器械に振子をとりつけて人間の代用をさせてもゆれない。やはり、測定者のこころの状態（興奮、無意識的な思いの方向）などが、指先をとおして表現されているとみるほか、ないのである。〝科学的〟に考えるとあまりにも問題がおおすぎるのだ。しかし、優れたダウザーはペンジュラムやダウジング・ロッドを用いて地下の石油や水脈を探知することができる。その後、筆者は〝オーラ・メーター〟と名付けたダウジング・グッズを発明し駆使する米国のダウザー、ビル・コックスと知りあい長い交流を重ねた。研究仲間の和田高幸とともに彼を二度にわたって日本に招き、関西地区の二つの地点で地下水汲みあげ用の井戸を設置するための「水脈調査」を依頼したところ、ビルは二度とも見事に水脈を発見し、そこに井戸が設置されたのである。このように、熟達した使い手は地中深くの波動を感知することができるのだ。

さらに、つぎの測定法が私の関心をひくようになった。それは光電計（Electro-photometer）を用いる方法であった。光電計とは、光の量を電流に変えて表示する装置である。

この方面のパイオニアはM・K・ムフティク博士という医師である。博士はイスラエルに在住する医者であったが、早くからオーラ現象に関心を抱き、ソーン電気工業の協力のもとで、敏感な光電計を用い〝オーラ場〟を測定しようとしたのである。

実験の手順はつぎのとおり。

完全な暗室のなかに裸体にした被験者を導き、助手が光電計の受光部《プローブ》を持ち、身体の上空を移動させるのである。光がもし身体から放射されているなら、それはプローブにキャッチされるので、その信号を極端に大きく増幅し、メーター部で読みとったり、ペン・レコーダーに記録させるのである。この方法によってムフティク博士は、生体の〝オーラ場〟をキャッチしたとし、『オーラ現象の研究』という論文を発表した（一九六〇年）。この研究は、オーラに関心を抱く科学者たちに反響を呼び、現在にいたるまでアメリカ、オーストラリアなどの研究者が論文を発表している。日本においても某企業が同様な研究をしたと聞く。

最近では、ムフティク博士の使用したような真空管式の光電計ではなく、フォト・ダイオードやイメージ・オルシコンなどの、いっそう微細な光に感じる受光素子が用いられている。

加えて、増幅器《アンプリファイア》の出力も強力なものを使用、モニター画面に発光を直接に写し出してみるなど、最新の技術が投入されている。

その結果、人体からは微弱ではあるが、たしかに光子《フォトン》が放出されていることが明らかとなった。日本のある研究者（その人は超能力研究畑の人ではないが）は、その放射はの
どのあたりが最も強い、と報告している。

しかし、生体からの光子放射がかりに事実であったとしても、それをオーラの正体だとすることはできない。

反証は山ほどある。その主なものは――

①オーラは物質を貫通するとされている。光子がオーラであるとするとこの定説を説明できない。物質は光子をさえぎるのだ。

②オーラ能力者は、白昼でも、ときには暗室でも発光を見ることができるが、白昼の光の洪水のなかで、どうやって光子を見わけるのだろうか。別な信号を見ているのではないか。

③オーラ能力者たちのおおくは、オーラのすばらしい色の洪水についてしばしば報告してきた。

微弱な光子放射は、この事実を説明できない。

つまり生体からの光子放射は事実である——。しかし、それはオーラ現象の実際と合致しないので、オーラそのものが測定されたとはいえないのである。

その後、生体周囲のさまざまな電磁波が検出されるにいたった——静電界、磁界、マイクロ波などの電波——など。エレクトロニクス技術は空間から、さらに微細な信号を将来にわたって、とりだすことであろう。しかし、そのいずれもが〝あまりにも微細な信号〟であるために、〝オーラ能力者たちの報告と合致しない〟。ゆえに、この方面のオーラ研究は「方向ちがい」の可能性が大なのである。

——では、オーラの科学的検出は不可能なのだろうか？

答はノー。つまり、唯一残された方法があるのだ。それこそが、「キルリアン写真法」なのだ。

◉キルリアン写真法への道

科学技術の発達はときに、思いもよらぬ〝ひょうたんから駒〟を生みだすものだ。

電気の発見、この画期的なアイディアが人類にもたらされるやいなや、われわれの文明は急速に変革期をむかえたのである。電気技術の快進撃はあらゆる分野に入りこみ、われわれの生活様式を塗りかえていった。

いまから百年ばかり前のことである。

フランスの医師、アンリ・パラデュクはある日、電気と写真を結びつけたらどうなるかという、けったいなアイディアにとりつかれた。電気と写真の技術はその当時の〈最先端技術〉であり、ベンチャー・ビジネスであったのだ！

かれはさまざまなコイルを用いて〝高電圧〟を発生させた。というのは当時、高電圧をかけたふたつの電極の間のスキマに〝放電〟が起こることが知られていたのである。かれは、そこに発生する紫色の美しい発光を写真に撮ろうとしたのである。つぎにパラデュクは、この高電圧をかけたときに起こる発光を、人体を〝電極〟として写真に撮ることを思いついたのだ。直接に人体に通電することは生命の危険をともなうので、人体と電極の間を絶縁して通電したところ、そこにかれは、美しい発光を見いだしたのである。

これが、史上初の「高電圧写真」の発見であったといわれる。パラデュクは身体のさまざまな部分の発光、生体と死体の電気的発光などを根気よく記録しつづけ、ついに、生きている身体からは「エフルビア」なる未知のエネルギーが放射されていると確信し、『人間の魂・その動き、光』という本をあらわしたのである。詳しくはセルマ・モス著『生体エネルギーを求めて』（拙訳・日本教文社）をごらんいただきたい。

おきまりの論争が起こった。

「そんなエネルギーはあるものか」という反対派と、「エフルビア」の存在を確信するパラデュク一派の争いは激烈をきわめた。喜ぶべきことに、反対派もまた装置を製作して実験し、肯定派に闘いをいどんだのだ。ふつうこの手の論争は、ナンにもしないで口だけの反論を行う保守的科学者と、前衛科学者の争いになるのが常である。超能力の分野で〝霊能者いじめ〟をやってのけるわが国の〝科学者〟たちが、実はチャンとした研究をとおして批判しているのではないこととくらべて、パラデュクの反対者たちの態度はいさぎよい！

　でも両者の論争は最後まで平行線をたどった。

　そして……その後、パラデュクの名もエフルビアのことも科学の表舞台から、急速に消えていったのである。

　エフルビア――生きている身体にだけ存在し、電界をかけることによって検出される未知のエネルギー、それは、生体エネルギー研究史のなかでひときわ光る存在である。生体にあり、死体にはない、というパラデュクのいうこのエネルギーは〈生気〉であったのだろうか？

　そして、百年後、ロシアの電気技術者、S・キルリアンはふとした偶然からこの「高電圧写真《ハイ・ボルテージ・フォトグラフィー》」の迷路に入りこんでいった。かれもまた、キルナー博士やパラデュクと同じように、偶然の発見から、その人生を大きく転向せざるをえない〝運命〟にあったのだ。

　しかし、キルリアンの登場によって、オーラや生気、エネルギー体の研究は驚くべき進歩をとげたのである。見えざる糸が研究史をつないでいるかのようだ。パラデュクは知らずして、キルリアン写真への道を敷いていたのであるから……。

2　生気の存在を実証する？　キルリアン・テクノロジー

——エフルビア発見から百年、ついに生気を検出する科学的な方法が完成した。それはキルリアン写真法……。この技術があきらかにした人間の未知の光景は——。

◉〝光る手〟の誘惑

カザフスタンに住む電気技師、セミヨン・キルリアンはある日、近くの大学に呼ばれた。そこの医療器機の修理を依頼されたのである。

その装置は高電圧を発生する部分を持っており、スイッチを入れるとふたつの電極の間にジージーと音をたてて電気稲妻が走るのであった。その閃光を見ているうちにかれは、なにげなしに、電極の間に手を近づけたのである。ズシンとくる電気ショックのその瞬間、自分の手が青白く輝くのを見てはっとした。「これはナンだ?」すでに手をどけたので、たいした事故もなく、装置の電極間には再び、ジージーという放電がつづいていた。

帰宅したかれは電気ショックの後遺症で、すこし重だるい腕をさすりながら、あの一瞬光り輝いた自分の手のことを考えていた。数日後、いろいろとアイディアをまとめたかれは、高電圧発生装置を自作した。身体に危険が及ばないよう電流量はすくなくし、電極面を絶縁してフィルムをはさんだ。

暗室のなかに緊張がみなぎる。

「よしなさいな」とあくまで止めに入る妻のワレンチナを無視して、「ゆくぞ」と呟いたかれはスイッチを入れた。

ジーッという音に、反射的に腕をひくセミヨン。

「見ただろう。あれなんだ。あの光なんだよ。」

さっそく乾版を現像してみると、うっすらと（しかしぼやけた）像が浮きでている。

一九三九年、こうして、のちに「キルリアン写真」として世界中に知られることになった〝キルリアン効果〟が、発見されたのだ。

以後、かれの研究は二〇年もの間、近くの住民や一部の科学者たちに知られていただけで、黙々とつづけられた。しかし、その間にかれは、驚くべき新世界にわけ入っていったのである。

それは、ひとことでいうと、生命エネルギーの量や変化がキルリアン写真法を用いることによって、明らかになるという事実の発見であったのだ。

かれを、この新世界に導いたのは自分自身の〝光る〟手であった。

◉キルリアン・テクノロジーの世界

一九六〇年をすぎると、キルリアン効果発見の噂をききつけて、カザフ地方はもとより、モスクワ大学からも医学者や工学者が訪ねてきた。

それらの客はひっそりと訪れ、キルリアンとともに実験を楽しみ、電極間に踊る光の饗宴に目を見張りながら研究の推進を約束し、足どりも軽く去ってゆくのであった。でも、それらの人びとから何の連絡もないまま、さらに年月はたっていったのである。

しかし、この驚異のテクノロジーがいつまでも見逃されるはずはない。

カザフ大学の生物学者、イニューシン、モスクワの電気生理学者、アダメンコらの訪問のあと、にわかにキルリアンの身辺はあわただしくなった。いくつもの特許の申請と認可をうけていたので、政府当局も注目するようになったのだ。

なにしろ二十数年に及ぶ研究であるから、特許の数もおおい。たとえば——

・一一八一三五号＝キルリアン発光を拡大して見る方法（一九五〇年）

・一六四九〇五号＝従来は暗室でしか発光を撮影できなかったが、この特許は昼間でも撮影する方法に関するもの

さてここで、キルリアン法がどのような現象を発見したか、整理して記すことにしよう。ここに述べるのは、キルリアンの発見になる現象を軸に、その後西側諸国（主としてアメリカ、イタリア、イギリスなど）で発見されたものもふくめて列記することにする。なお各項文末に※印を付したも

キルリアンの撮影した指先からのキルリアン・オーラ

（かなり拡大されている）

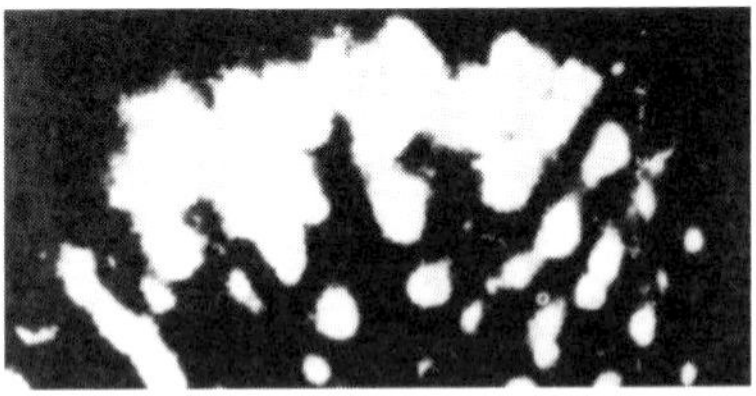

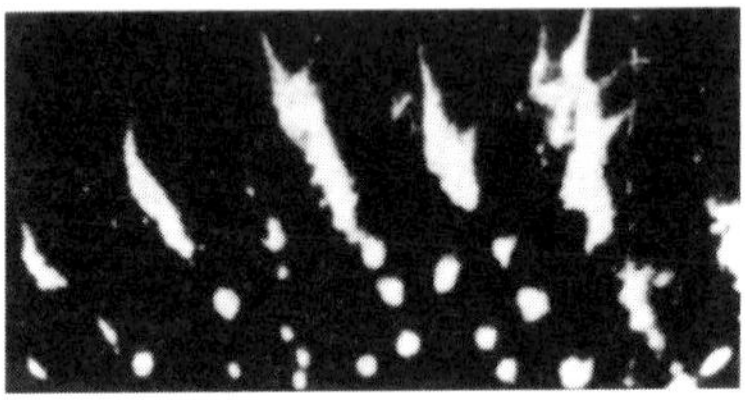

セルマ・モス博士によるキルリアン写真

深くリラックスした
被験者の指先

興奮状態にある被験者の指先

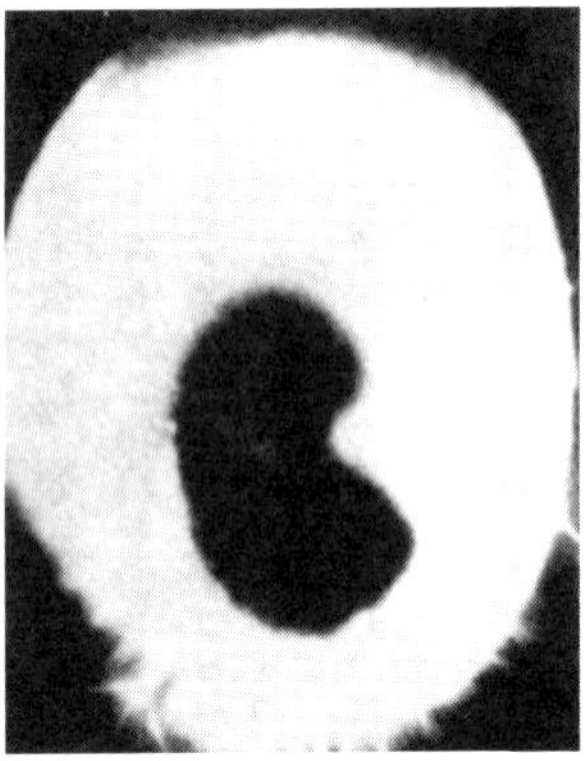

のは、一九七三年以来、日本で唯一研究をつづけてきた私の「生体エネルギー研究所」でも追認した現象である。

A　植物の生命力

①健康な葉は光輝につつまれ、おおくの光点を表面に持ち、つねに発光をくりかえしている。病気の葉や枯れかけの葉の発光は弱い。※

②小麦の新芽は、他の植物の芽にくらべて強力に発光した。

③植物を指先で突くと葉の輝きは（四〇パーセント程度）強くなった。※

④植物の葉の一部（四分の一～一〇分の一）を切りとり、キルリアン写真を撮ると、切りとってないはずの葉のところにも、元の葉の形が出現した→ファントム・リーフ効果。※

B　心理的効果

①バイオフィードバック訓練によって手の温度をあげるよう反射をつくりだし、手を熱くすると発光も強まった。※

②ふつうの心理状態では青いコロナが出現するが、興奮時には赤色が出現する。※

③マリファナ、アルコール、自律神経遮断剤を投与したり、タバコやコーヒーを摂ると、コロナはそれぞれ特有な変化を見せる。

④親子、恋人、友人同士間で、親密なふたりの発光はつながり、仲がよくなかったり孤立してい

たりすると発光が消えたり反発しあう。一部のみ※

C　超能力に関連して

①傷ついた葉に霊能者が〝エネルギー〟を注入すると、葉の発光は増大する。※

②病人に霊能者が〝生気《オーラ》〟を注入すると、病人の発光は強くなり、霊能者の発光は弱くなる。ときどき※

②ＰＫ（念力）発揮中の超能力者の身体各部の発光は増大する。

D　農学、生物学上の発見

①キルリアン法は野菜や果実の保存法の研究に有用である。※

②毒を持った魚のウロコとふつうの魚のウロコの発光をくらべると、両者はちがうパターンを示した。

E　医学的な現象と新発見

①ストレスがかかった状態でのキルリアン発光はシャープである。

②生体各部は異なった発光と色をあらわす。心臓部――ブルー、前腕――緑がかったブルー、ふともも――オリーブ色など。

③胃癌の組織をキルリアン写真に撮ると、まっ白か灰色で粒状の影がある。放電も散乱している。

④ツボの発光は大きい。また、ある経絡（ツボとツボを結ぶ気が流れるといわれるルート）を刺激すると、その経絡の他のツボの発光が増大した。一部※

リー・スタイナー博士が撮影したキルリアン写真

博士はキルリアン写真を診断に用いて、精神領域の病気治療に応用している

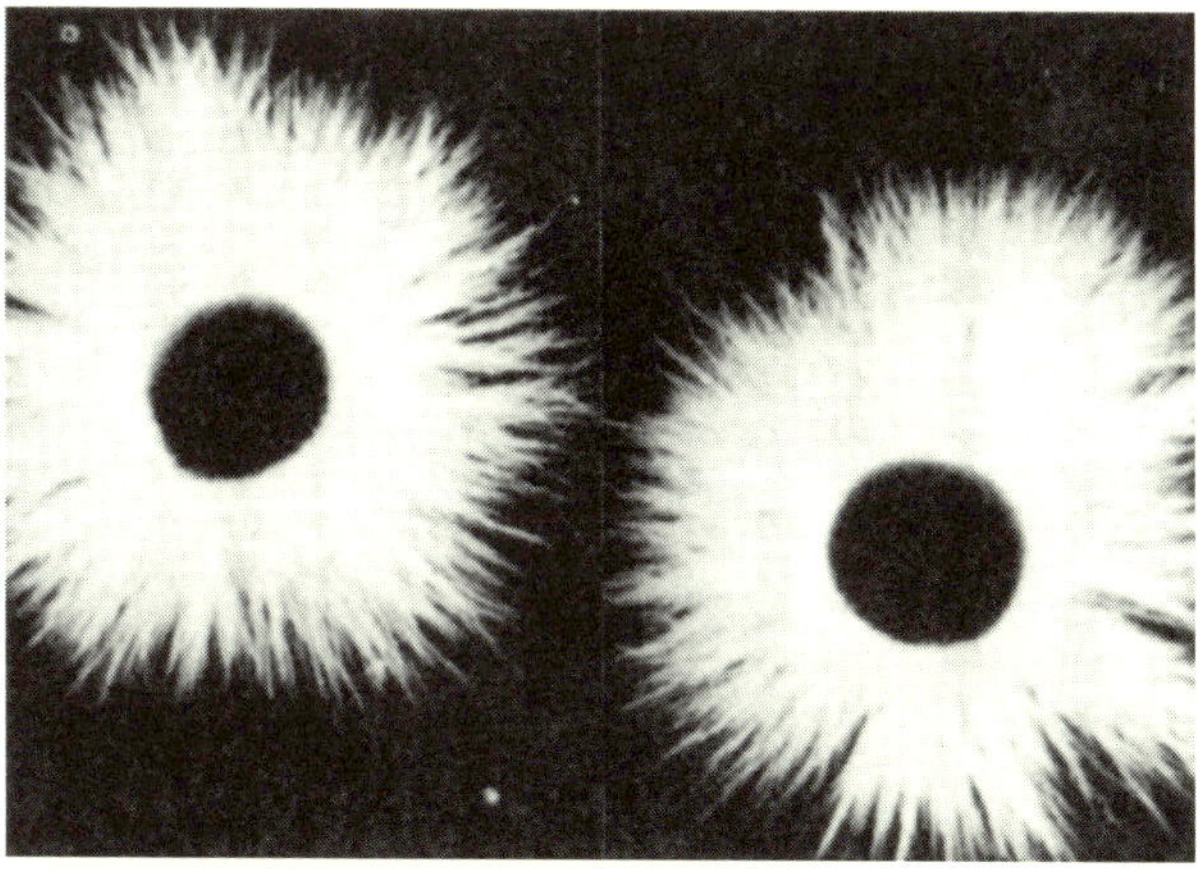

健康な39歳の女性の指先発光

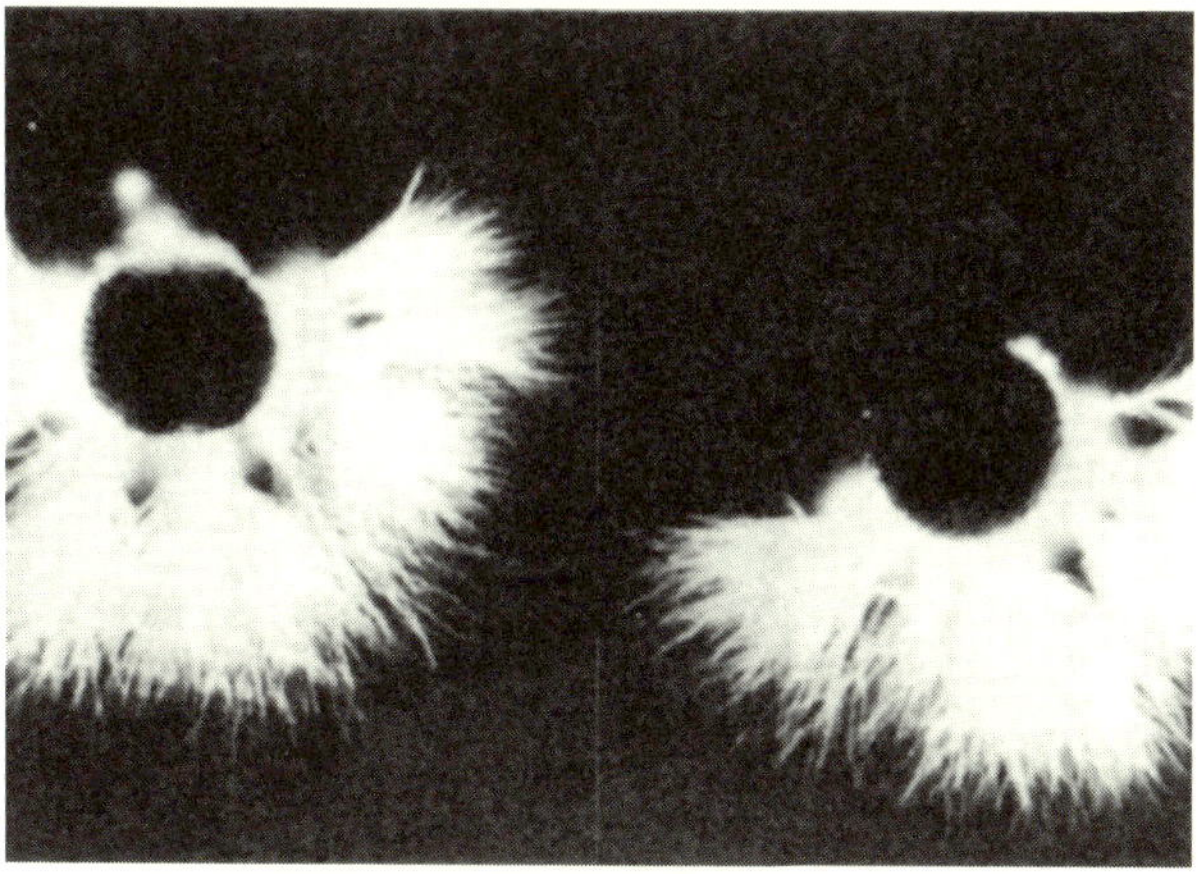

情緒障害をもった42歳の女性

⑤鍼灸治療の前後では、治療後の患者の発光は増大している。※

なんと多彩で広範囲な現象であろうか！

キルリアンは、ほんの偶然からこのような未知の世界に入っていったのである。前世紀にパラデュクが〝エフルビア〟を発見したという事実を、かれは知らなかった。まるで、未知の世界が、いつも研究者に向かって研究をうながす衝動の波を送っているようではないか！　キルリアンは、その波にキャッチされたのだ。

モスクワ大学で研究が開始されると、キルリアンの名声は一気に東西世界に知られることとなった。

東側の研究者たちの意気はあがった。

かれらの言明によると、キルリアン・テクノロジーは近い将来、つぎのような進展をみせるだろうという。

①病気診断について発光のスペクトラム分析がつづけられている。将来、身体の一部あるいは全身の発光スペクトラムを分析することによって、病気を診断できるようになるだろう（その後、ルーマニアのドミトレスク博士は、全身のキルリアン写真を撮影し、病気診断技術を開発した）。

②薬物投与の効果がモニターできるようになるかもしれない。

③X線、超音波《ソーナー》診断と併用される時代がやってくるかもしれない（ドミトレスクのエレクトロノ

写真法は、すでに癌などの診断に成功している)。

――そして、キルリアンは、この技術の発見と発明の功により、ソ連政府からの国家発明発見賞授与の栄誉に輝いたのである。

◉キルリアン写真が写しだすエネルギー

キルリアンの発見をおおいに認め、研究をサポートしたイニューシン博士は、キルリアン写真に写ったエネルギーについて「それはバイオ・プラズマだ」と言明した。博士によれば、物質は、①固体、②液体、③気体に加えて、第四の形状を持つとしている。それこそが〝バイオ・プラズマ〟であるというのだ。

この言明に対して、ちょうどエフルビア論争と同じ事態が起こってきた。

つまり、保守的科学者たちは、キルリアン発見をたんなる放電現象であるとみたのである。放電時には電極間の空中に強力な電界がかかるので、被験物(指先や植物の葉)から光子が放出される。この光子がキルリアン発光だというわけだ。

イニューシン、アダメンコ、セルゲイエフなど、前衛的な科学者は負けてはいない。同じ論争がアメリカで起こったとき、アメリカの心理学者T・モスの問いあわせに対して、イニューシンはキルリアン発光について、それはたしかに放電であることはまちがいないが、そこには〝バイオ・プラズマ〟が混入している、と間接的に考えをもらしている。アダメンコはさらに進んだ考えを抱いており、キルリアン発光は〈未知のエネルギー〉で、生気のようなものが含まれている、その証拠は、「ファントム・リーフ」にあると述べている。

ファントム・リーフ現象――この神秘的な現象は、反対派賛成派が論議をかわしているその間にも、世界中で撮影されているのだ。

バイオ・プラズマというエネルギーの正体について、イニューシンは〝イオン〟である、と暗示しているが、そうだろうか？　当時のソ連という社会主義体制の国では、この見解がギリギリの線だったと思われるのである。

私たちはすでに本書第Ⅰ部4において、生体エネルギーとエネルギー体の世界をかいま見た。エネルギー体、肉体に重なって存在するという「第二の身体」には、生体エネルギーが充満、流通している、と古来からオカルティストたちは主張してきた。この考え方をフォローするようにイニューシン博士は、バイオ・プラズマをイオンであるとしながらも、そのエネルギーが充満している「第二の身体」である〈バイオ・プラズマ体《ボディ》〉の存在を、強く推定しているのである。

前項「キルリアン・テクノロジーの世界」に私が記した現象のうちA①、B③④、C①②③、E④⑤を説明する最もよい仮説は、「キルリアン写真は生気を写しだしている」というものである。つまり、イニューシンのいうバイオ・プラズマは〈生気〉を意味していると考えられるのだ。

◉ファントム・リーフの驚異

キルリアン発光そのものはオーラではない。

それは放電現象である。

しかし、その放電のなかに、〈生気〉がたたきだされて写っているのではないだろうか？

私は長年の研究の結果、そうであるという感触を強く抱いている。

この考えを最も劇的に証明するのは、アダメンコもいうように「ファントム・リーフ効果」である。

私は無数のみじめな失敗をくりかえしたあげく、一九七五年一〇月二六日、日本初のファントム・リーフ撮影に成功した。それは白黒写真であったので、一九八四年一月に開始した第二次キルリアン・プロジェクトでは、〝カラーによるファントム・リーフ〟撮影を予定し、約四〇〇枚にのぼる失敗をくりかえしたあげく、ついに一枚のみ成功することができた。

その後カラー・ファントム・リーフ実験には植物の葉だけではなく、サボテンなども試料に用いた。実験中に幾度かファントム発光を目撃したが、撮影とのタイミングをはかるのが極度に困難であった。この本を見てファントム・リーフ撮影に挑戦しようとされる読者へのアドバイスを記しておこう。

——ただひたすら撮影すること。あきてはもとも子もない。実験条件をさまざまに変えてやることだ——と。

このようにして、エフルビアア発見者、アンリ・パラデュクの執念は、セミヨン・キルリアンにひ

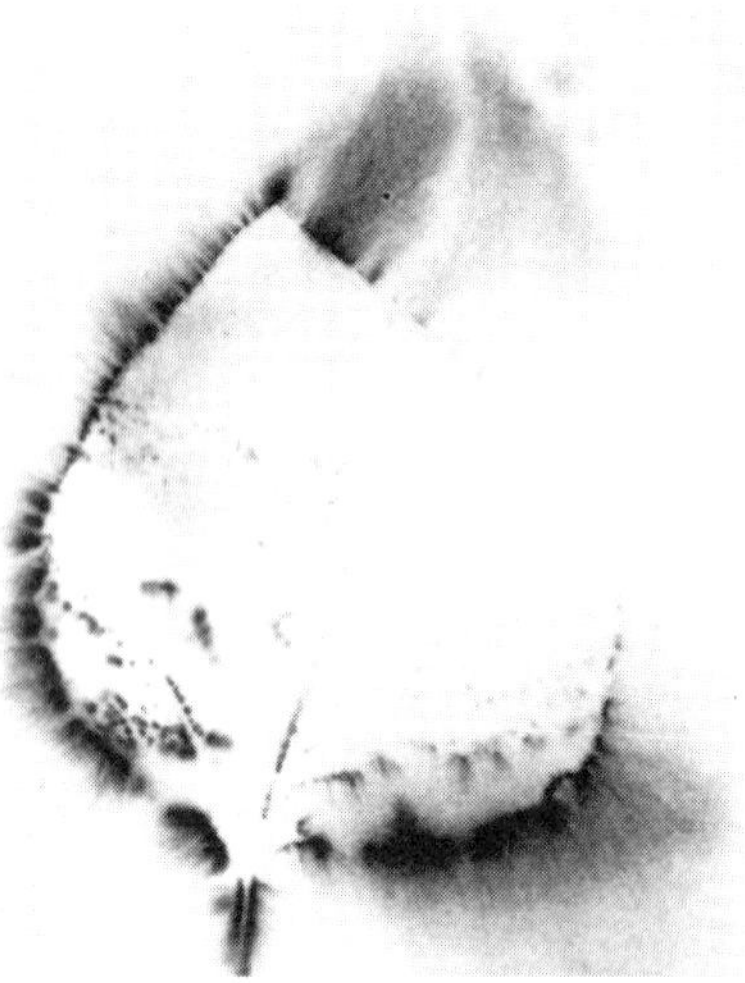

日本初の生体エネルギー研究所のファントム・リーフ

切り口からでている元の形がファントム・リーフで、エネルギー体の証拠である。500枚に1枚くらい出現する。(白黒写真。カラー写真の成功例は口絵のとおり)

セルマ・モス博士によるファントム・リーフ写真

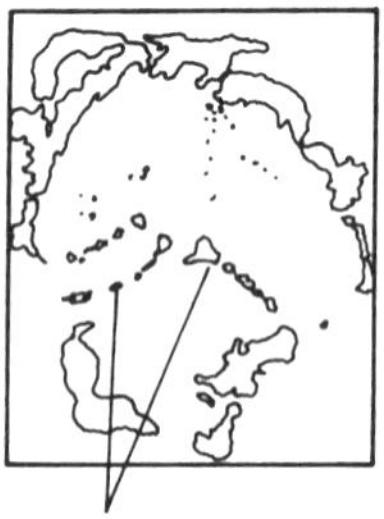

ファントム・リーフの原理

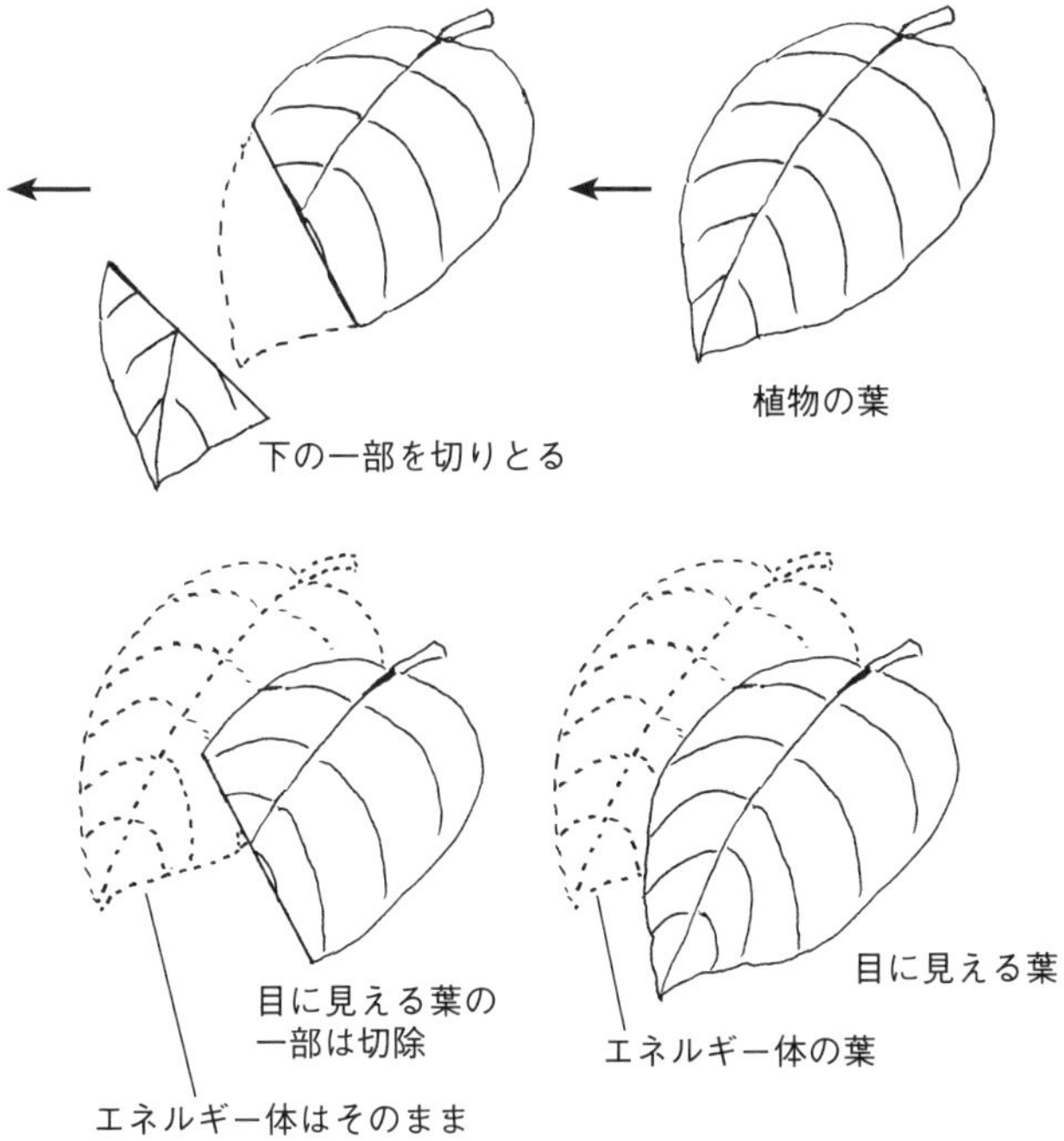

キルリアン写真法

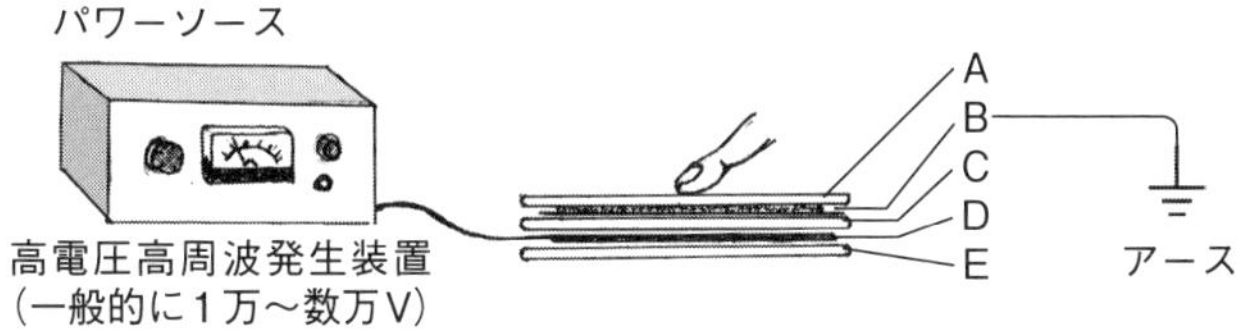

ACE：絶縁板（ガラス、アクリル板）
B：検体、植物の葉など
〃　　指などはＡの上に置く
D：電極板
・フィルムなど感光材はＣの上に置く

㊟高電圧にはくれぐれもご注意ください！

(パワーソースからのコード、電極板には決して触れないよう。指先撮影の際には指輪など金属は身につけないこと)

きつがれ、かなえられた。

いま、キルリアン写真の研究者は主要各国にいる。そして、科学の限界をつき破り、新しいエネルギー、新しい宇宙観を求めて日夜努力をつづけているのだ。この新しい宇宙観によれば、人間も動植物も、そして岩や宇宙ですらも――、あの未知のエネルギー、オーラ、生気、生体エネルギーなどとさまざまに呼ばれてきたエネルギーによって、ひとつに結ばれるのである……。

その新時代のために、古代から伝承され、オーラ能力者たちが蓄積した〈オーラの知識〉を点検しておくのも、重大な意味があるだろう。

はたしてオーラの形や色は、われわれにナニを語っているのだろうか？

それを復習しておこう。

3　オーラ、その色と形の秘密と判別法

――オーラ能力者たちが見るオーラの世界、それはどのようなものであろうか？　近い未来に〈オーラ・テクノロジー〉が発達する、そのときにそなえて、オーラの世界を整理点検しておこう。

◉オーラと身体多重説

われわれの身体は肉体だけではない。エネルギー体との二重構造になっているという考え方や、従来からいわれてきた「七つの身体説」と、私の「三つの身体説」はすでに第Ⅰ部4に説明していた。

さて、オーラについてであるが、オーラというものがエネルギー体を〝霊視〟したものである以上、当然、いくつもの種類のオーラが存在することになる。

「七つの身体説」によれば、七種類のオーラがわれわれの身体には、〝重なって〟存在することになる。

「三つの身体説」に従えば、三種類のオーラが存在することになる。

どちらが正しいのだろうか？

ひょっとしてオーラは一種類だけなのかもしれない。キルリアン写真は不完全な方法なので、いくつものオーラのうち一種類のオーラ〝生気〟を反映しているにすぎない、という考え方のほかに、そもそもオーラと〝生気〟は同じものであって、キルリアン法はそれを不完全に写しだしている、という考え方もありうるのだ。

また、キルナーは三種のオーラをあげていた。

このように、現象の報告に統一性がなく、見解が自由にとびかっている現状こそ、この分野の研究が初歩的段階にある証拠なのだ。極端にいうと、「オーラは存在する」というのが唯一確実なことかもしれない……。

　私の考えはこうである。

　ともかく、オーラ能力者を使った実験を大量に実施する必要がある。そして、どれがどこまで真実かをみきわめるほかはない……。なぜなら、オーラ能力者によって見える世界が相当にちがうのだ。かれらのいうことを全部、マジにうけとめると「何が何やらさっぱりわかりません」。そこで、かれらの主張のなかの〝共通項〟をひろいあげ、現象を整理してゆくことが唯一必要な作業なのである。

　次章の〝オーラ能力開発法〟によって、ひとりでもおおくの〝オーラ能力者〟が出現してほしいものだ。

　そうすれば、いっそう研究はすすむだろう。ともかく、過去の人びとの見解は尊重しても、信じこむ必要はないのである。

　またオーラ能力者は、自分の見た世界だけを「オーラの世界だ」と強弁せず、「オーラの世界の一部を見た」というふうに考えていただきたい。たかがオーラのひとつやふたつが見えたからといって、その人間の値打ちがあがるわけでもないのである。

　もうひとつの問題点は、「七つのオーラ説」の原典がセオソフィー（神智学）にあるということだ。

　西洋の密教ともいうべきセオソフィー、かのブラヴァツキー夫人の創始になるこの学派は、まぎれもなくオカルト総本山のひとつである。かれらの教説はシュタイナーの〝人智学〟などの思想家、のちのオカルティストはもちろん、作家などにも強い影響を与えた。

七つの身体説の特徴は、人間存在を物質～精神性～霊性～神性という、ひとつの流れのなかでとらえていることである。私は、このセオソフィーのいう〝七つのオーラ説〟もまた、できれば検証してゆくべきだと考えている。いくら大勢力だからといって、うのみにはできないはずであるから。だからといって、セオソフィーが誤まっているとは、考えていないが。

ここで、七つのオーラ説を表にまとめておこう。ただし、この表は、セオソフィーの考えに従っている複数のオーラ能力者の報告を総合したものであることを、おことわりしておく。

七つのオーラ説

七つのオーラ	各オーラの内容
①フィジカルオーラ The Physical Aura	皮膚の上空1/16～1/12インチの幅をもつ。暗く、色無しかブルー色。蒸気のようなもので人が動くとその分子を残し、犬がそれを嗅ぎとる。
②エーテルオーラ The Etheric Aura	活力オーラと混同しやすい。皮膚の上2～4インチの幅で輝いている。人によって報告が違うが、ある人は黄色といい、別な人はブルー色だという。エーテル体から発散するオーラで、エクトプラズムの正体。
③活力オーラ The Vital Aura	キルナーのスクリーンを用いるとエーテルオーラの一部として見える。人により報告はちがうが、色がない、身体に近いところがピンク色で遠いところの色はない、くすんだスミレ色――などといわれている。握手とか心霊治療時に手から出る。まっすぐのびているのは健康。
④アストラルオーラ The Astral Aura	卵形で、人の感情や考えを表わすと考えられる。大きさは人によるが3～16インチの幅、数フィートのびる場合もある。オーラの中にはん点が出ることもある。怒ると赤くなる。

⑤低位メンタルオーラ The loewr Mental Aura	大きさはアストラルオーラと同じくらい。理性が関与し、何かものを考えると大きくなる。頭をよく使う人は頭からさかんに黄色がでている。深い眠りや麻酔にかかると、④とともに身体から離れる。
⑥高位メンタルオーラ The Higher Mental Aura	まれに見られる至高の美を示すオーラ。一般人にはほとんど見られない。中世の聖者の頭光はそのよい例だ。1/2インチ幅の虹状の美しい帯となって身体から放射すると報告した人もある。
⑦スピリチュアルオーラ The Spiritual Aura	あまりに美しく大きく、想像もできない輝きを示す。純白で身体の全方向に放射されている。聖書の「エゼキエル書」に記述がみられる。

◉四層のたなびくオーラ

つぎに、私の研究室のオーラ・プロジェクトの成果について述べよう。

すでに二〇〇〇枚を超えるオーラ図が、最大時七名が在籍したオーラ能力者たちの手によって描きあげられた。そして、万物オーラ図鑑が完成しつつある。そのうちオーラ能力者S・WやY・G（GEN）のオーラ図を通覧して、①オーラの構造と、②その大きさについてみてゆこう。

まず、オーラの構造について、セオソフィーの先入観を除き、白紙の状態で研究した結果を示す。能力者たちはそもそも「七つのオーラ説」についてほとんど知識はない。かれらは、見えたとおりに描くほかなかったのである。その結果、四層のオーラ構造が浮かびあがってきた。それは――

①エーテル・オーラ

②生気オーラ

③パーソナル・オーラ

④境界オーラ

の、四層である。これらの四つの層は互いに入りまじっており、その境目を示すのは困難である。そこで、オーラの大きさを計測する実験を行ってきた。被験者の横に助手がものさしを持って待機している。オーラ能力者はオーラ視の態勢に入ると、助手に大きさを報告する。そこで、ものさしの目もりを読みとるのである。

四つのオーラの〝大きさ（身体の表面からの高さ）〟と、各オーラ層の簡単な説明を書きとめておこう。

①エーテル・オーラ＝幅五～一〇ミリ。皮膚に無数の針がつきささっているように見える。色は、九割がたブルーであるが、ところどころ黄色のところがある。どうやら身体を外界から守っているようだ。

②生気オーラ＝幅一〇センチくらいである（健康人の場合）。病者はもっと幅が狭くなる。病気が表面化すると、その部位の放射はなく、黒～グレー色に穴があいたように見える。この層のオーラは食事や睡眠、セックスや身体活動の状況によって毎日変わっている。

③パーソナル・オーラ＝体表から四〇センチの高さまでのびている（健康人の場合）。幅は身体の部位によって異なる。たとえば足部は五センチ、頭部は六〇センチといった極端なケースもある。主として健康状態をあらわすと考えられるが、その人の性格や感情も併せて表示するら

セオソフィー学派のいう各オーラの大きさ

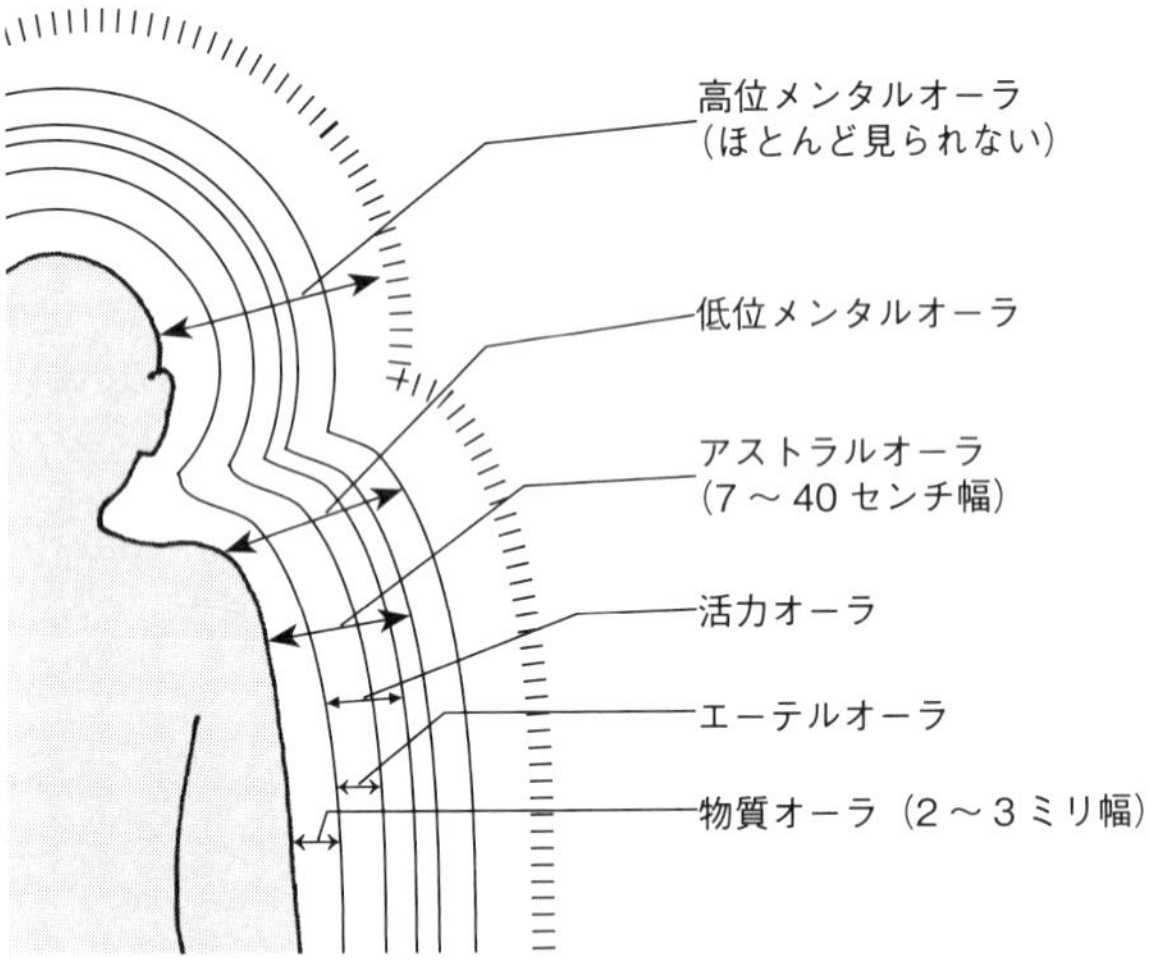

生体エネルギー研究所による４層オーラ

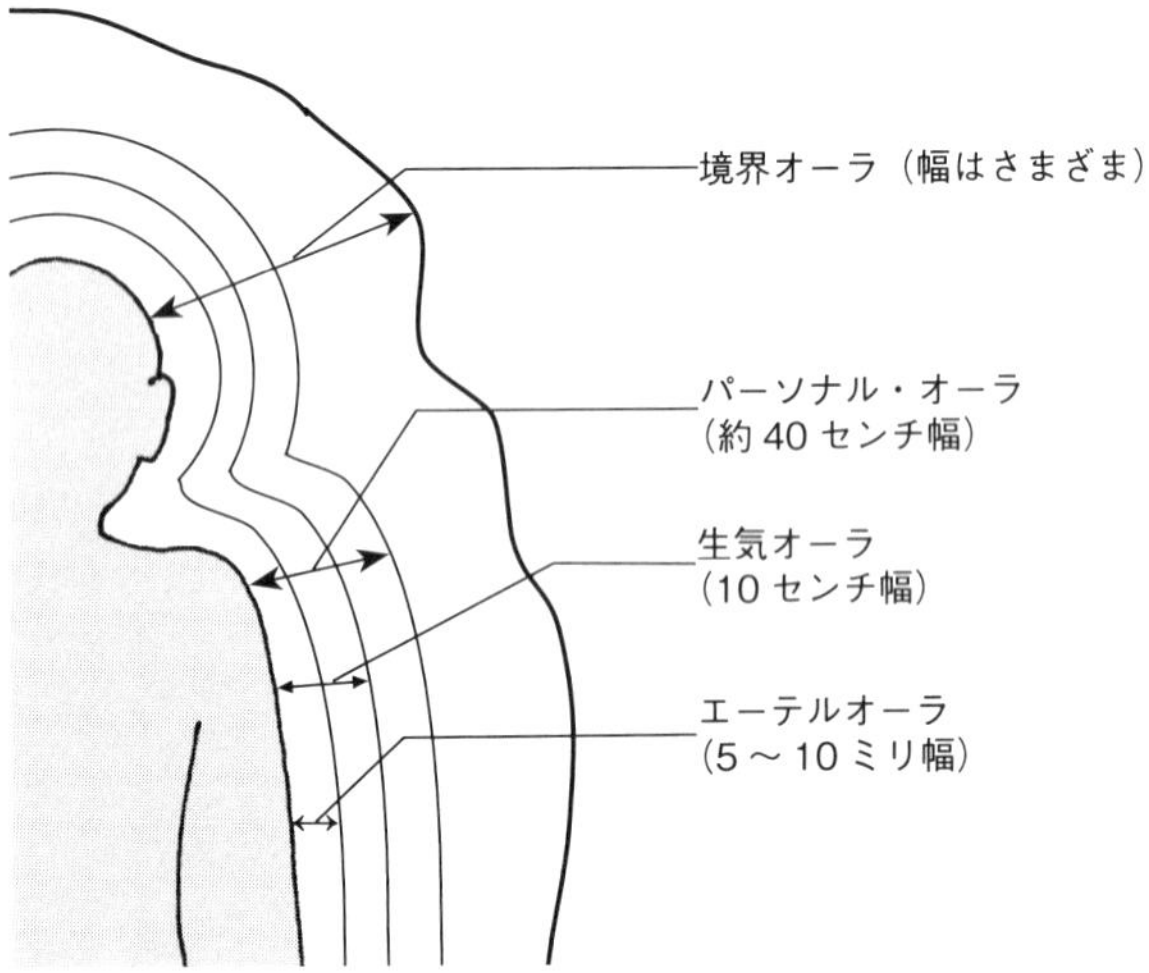

しい。ともかく、各種の情報がこの部位のオーラに込められていることは、まちがいない。

④境界オーラ＝もっとも外辺部にある薄いもや状のオーラで、このオーラのもっとも外側が、その人間の境界なのである。これより先は空間に吸いこまれている。また、このオーラの形にはさまざまな変化がある。

読者は仏像の光背を思いだしてはいないだろうか？

うす暗い堂宇の奥にひっそりと参入者を待ちかまえている仏像は、金色に輝くさまざまな形の光背を背負って立っている。それと同じ形をしたオーラを、私の被験者であるオーラ能力者たちは日常的に、すべての人間の周囲に見てくらしているのだ！　かれらの報告は、人間の歴史を貫いてとだえたことはない。ただし、私の被験者に関する限り、仏たちのように金色に輝くオーラは、誰ひとりとして見なかったが（その後二〇一三年現在、Y・Gによって一、二の人に金色オーラが観察された）。しかし、オーラが人間の周囲に存在することは確実だ。それだけではない。鉱物や岩も光を放っているのだ（この件について詳しくは、私の著『サイ・テクノロジー』（工作舎）を参照ねがいたい）。

で、仏像の光背がそれぞれの仏を特徴づけているように、人間の四層のオーラのうち、〝境界オーラ〟と私が呼ぶオーラは、さまざまな形をもって、その人間を特徴づけているのである。図にまとめたのでごらんいただきたい。（次頁）

境界オーラの６タイプ

あなたにオーラが見えなくても、各タイプの説明にあてはまれば、そのオーラの形になっています。アドバイスを活用してください。

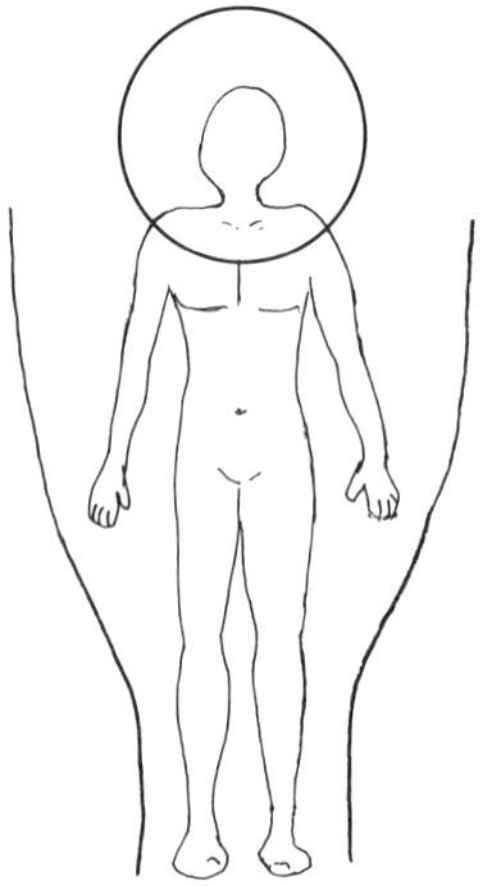

タイプ１〈一般型〉
最もおおい、ごく普通のオーラである。しかし、エネルギー場の強い人と弱い人、個人差が大だ。
（アドバイス）食事と睡眠、熱いフロにさっと入ると、タイプ２になる可能性あり。

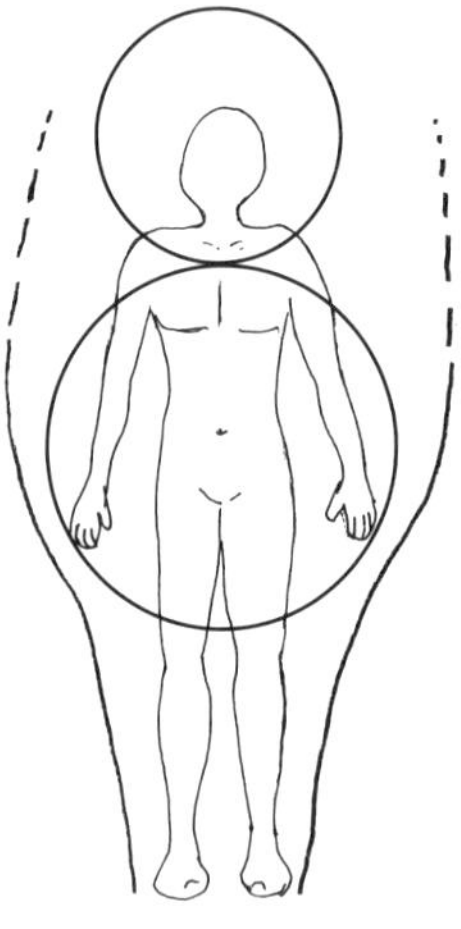

タイプ２〈健康型〉
精神的、肉体的に最も良好な状態だ。
（アドバイス）今日の元気は明日の元気を保証しない。ゆだんせぬよう。普通オーラはタイプ１～３の間をゆれ動いている。

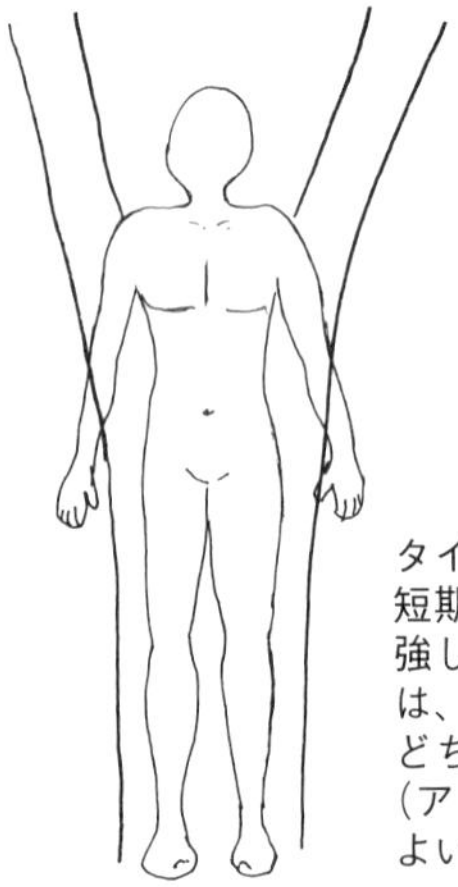

タイプ３〈精神疲労型〉
短期間の激しい労働のあと、または徹夜で勉強した翌日など、この形になる。神経症の人は、この形で肩から上が強力か、逆に弱いかどちらかである。
（アドバイス）一時的な肉食、ニンニク食がよい。それとタイプ１の注意を守ること。

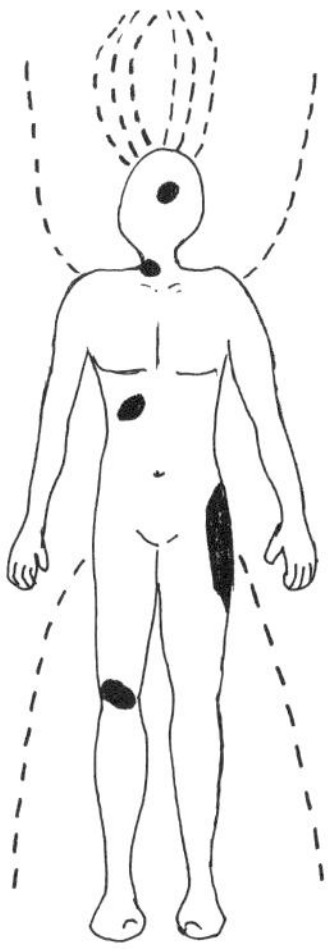

タイプ４〈疾病型〉
肉体器官に故障が生じて、生体エネルギーが弱っている。黒のところは病的な部分。これはエーテル体と生気体の損傷だ。
（アドバイス）休養したほうがいい。生気はそれによって回復に向かう。動物たちは病気になるとじっとしている。そして、まず食事をふやすことだ。

タイプ５〈スポーツマン型〉
オーラ放射は強い。手足からのエネルギー放出が特徴。足首、腰、肩などをいためた人がおおい。
（アドバイス）きたえたことによって生体エネルギーの量はふえている。しかし関節部、骨、筋に何らかの故障があるのが普通。その部分を休ませることが必要だ。

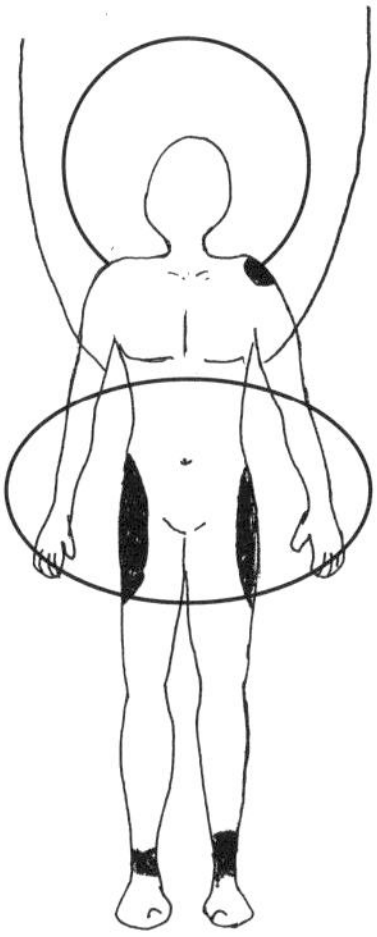

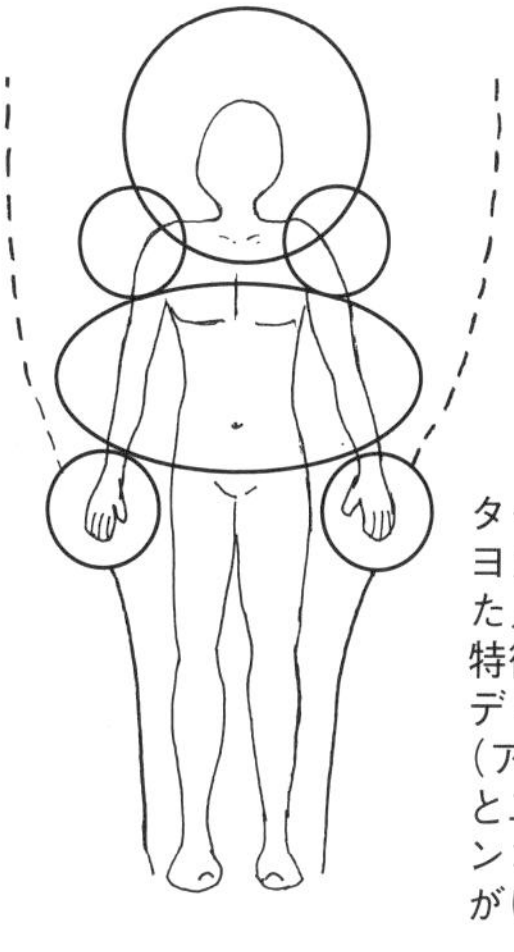

タイプ６〈メディテーション型〉
ヨガや精神集中行、その他の宗教的行をした人のおおくはこのオーラ。左右の均整が特徴である。しかし、肉体的、精神的コンディションにムラのある人がおおい。
（アドパイス）いったんこの形にかたまると二度とほかのタイプには変わらない。ガンコになりやすいので自由な思考をこころがけることだ。

◉エーテル・オーラは身体を守るヨロイだ

スワミ・パンチャダシは、その著『透視とオカルト・パワー』（一九一二年）のなかでつぎのように述べている。

かれは〝フィジカル・オーラ〟を〝プラーナ・オーラ〟と呼んでいるが、その実体は要するに私がエーテル・オーラと呼ぶものと同じものである。

……それはひっきりなしに（皮膚から上方に向けて）放出されている、まるでゴワゴワした毛のような線状のものがびっしりと集まった放射である。健康状態がよいとき、その線は固いまっすぐの〝歯ぶらし〟のように見える。ところが不健康になると、それらの線は曲がったりよじれたりするのだ。また、放射のなかに微小な分子をいっぱい含んでいることもある。それは、急速に振動している細い電気スパークのように見える。

驚くべき記述である。

というのは、私の能力者たちはしばしば、皮膚からのエネルギー放射について〝シャーッと放射している〟とか、〝勢いがすごい〟などと報告しているのである。

それだけではない。

実は、私もまた何度もそのエーテル・オーラの放射を目撃しているのだ。

最初の体験はオーラ研究を始めて間もなくのころのことである。

その日私は自室に伏せっていた。

いったん治りかけた風邪をこじらせたうえに、熱も高かったのである。うとうととしながら何気なく眼を開くと、目の前に手が見えている。目の焦点もあわず、ぼんやりとした気分で身体の不快感をこらえながら手を見つめていた私は、はっとわれにかえった。ナニかへんなのだ。蒸気のようなものが、しかもゆっくりではなく、まるで〝シャー〟と音がしそうな勢いで自分の手から放射していたのだ。

手を握ったりとじたりした。

でも、その放射はとまらない。〝これはナンだ〟と自問自答しているうちに、ギクッときた。これこそ生気放射ではないのか！　この機会を逃してはならじ、とばかり手を近づけたり遠ざけたりして観察した。頭に古代中国人が発見した経穴（ツボ）とそれを結ぶルートである経絡の図を描きながら見つめる私。しかし、その驚くべき光景は、真剣になって目覚めてきたある瞬間に、かき消すように消えてしまったのだ。

たしかに手も皮膚もそれどころか、汗線や毛穴までもがはっきり見えていた——幻覚ではない！

それらの激しい放射をたとえればつぎのようになるだろう。水槽のなかにゴム手袋を入れる。その手袋には無数の微小な穴があいているとする。そして、ゴム手袋に高圧の空気を注入する。そうすると空気は微小な穴から激しい勢いで水中に放出されるだろう——。この光景にそっくりであったのだ。

肉の身体は実は、びっしりと肉だけでうまっているわけではない。それは五官器のひとつである〝眼〟で見、触覚によってさわったことによって形成された〝感覚像〟なのだ、というのが、そのときの感想に最も近い。五官に限定されずに見た私たちの身体は、肉でつまった固型ではなく、気というガス体のようなものを封じこめるひとつの存在物なのである。

古代人たちが、身体が一見、肉でできあがっていることを知りながら、「気のつまった容器」と表現し、中国医学のような実用的医学をも創案したその理由を、私ははっきりと〈体験〉したのである。

……とすると、古代人は身体を見るにあたって「オーラ視」を用いたように思われる。そう考える以外、中国医学があれほどまでに、西洋の物質の医学とちがった内容を持っている理由を考えつくことは不可能だ、とすら思えたのだ。

この私の体験が示すように、オーラは第Ⅰ部4で述べたＡＳＣという特殊意識状態に入らない限り、見えないようである。もっともＡＳＣにはさまざまな種類がある。そのひとつにオーラ視が生起するＡＳＣがあるようなのだ。

風邪で伏せっていた私は、たまたまオーラ視に必要なタイプのＡＳＣ状態にすべりこんだようなのだ。

その後、この種の体験を幾度もくりかえしているうちに、いまでは自由にオーラ視ＡＳＣに入り

こめるようになった。このできごとは偶然だろうか？　それとも天の贈りものであろうか⁉

私の体験やスワミ・パンチャダシが語るように、エーテル・オーラの放射現象は身体の余分な気を外部に放出するはたらきなのかもしれない。ちょうど水槽のなかのゴム手袋が、外部の水圧によってひしゃげないように、いつも微細な穴から空気を放出して一定の内部圧を保っているように、外部の気圧や空間エネルギーが身体をこわさないように肉体もまた、いつも気を放出することによって一定の圧力を保っているのかもしれない（いや、きっとそうだ）。そして病気は、この内部の圧力が内的外的要因によってゆるがされている状態であるのだろう。だからパンチャダシは、不健康なときにまず、エーテル体オーラが乱れる、と述べているのではないだろうか。

身体の内部の気の圧力が卵のカラが破れるようにもれると、ひどい衰弱が襲ってくるのであろう。気が失われたとき――、それは肉体の死として観察されるにちがいない。

オーラ能力を得たい読者にアドバイス。

風邪や病気のときはよいチャンスだ、うつらうつらしたとき、寝起きばなのぼんやりした気分のときに、ぼうとした気分で〈手〉をごらんになるとよい。あきずにくりかえすこと。ある瞬間に、蒸気のような放射が見えるだろう。

オーラ能力は万人に潜在しているのだ。

ところで、死にかけの病人はしばしばじっと手を見る――という。生気放射を見ているのではないか。そのとき病人は死期近いがゆえに、いわゆる目覚めたときの意識状態（ＯＳＣ）ではなく、特殊なＡＳＣに入っていると思われる。だから呼びかけても応答がなく、われにかえって応答しても、かれ自身がその行為に合理的な説明を与えられないのだ。

私の体験によっても、エーテル・オーラ放射の光景は一種すさまじい光景なので――それを人びとは〝じっと手を見る〟という動作によって表現するにちがいない。

◉パーソナル・オーラと色彩の意味

エーテル・オーラは無色からうすいブルー、ときには黄色であることをさきに記した。これにくらべて、私がパーソナル・オーラと名づけた層のオーラは、「色彩の宝庫」である。パーソナル（個人的）と名づけたのは、この層のオーラが最も人格や健康上の特徴を表示するからである。まさに〝個人的〟オーラなのである。この層のオーラは――

①その形は決まっていない。㋐卵型のもの、㋑身体の線にそって幅五センチから二〇センチくらいまでの放射が見られるもの、の二種が代表的である。

②そのかわり、色彩的にはありとあらゆる色（一般的には金、銀を除く）が出現する。

③放射状態には大別、㋐外部に放射するタイプ、㋑外部に放散するタイプ、㋒（ウエット・スーツのように）膜状にぴったりとはりついて見えるタイプ、の三種がある

④この層のオーラが含んでいる情報について現在まで判明したことは、㋐感情を表示する（例・怒りのオーラは③㋐のような放射形でまっ赤である）、㋑健康状態を表示する（後述）、㋒食べ

ものの好みを表示する、㊁体力の程度を表示する、㊅スポーツ体験を表示する。

——などの特徴を持っている。

まず、どんな色が観測されたかについて、私は色票（Dainippon-DIC）を七人のオーラ能力者に示して、見えた色を調査した。その結果、

- 三人——ほとんどあらゆる色が見えた
- 二人——ブルー系と黄系のみ見えた
- 二人——ブルーと灰色のみ見えた

と、かれらは述べたのである。

ジャック・シュワルツはその著『人間の諸エネルギー系』（一九八〇年）のなかで、オーラに関するおもしろいエピソードを記しているので、参考のために抄訳しておこう。

一九七一年、私はカナダのバンクーバーに住む医者に招かれました。以前からときどき訪問していたのですが、今回は二八歳になる彼の患者を〝見る〟ように求められたのです。この患者は以前肺疾患にかかっていたときに見た記録が手もとに残っていました——、でも、今回のオーラは以前ところっとちがっていましたので見たとおりをいいました。「血流に変化がでているのじゃないの？そう、まるでちっぽけな銀色の魚のようなキラキラした、金属的なかけらが見えるんだ。そいつら

は互いにやりあってるよ。大きいのがちいさいのを喰ってるんだ。ありゃなんだい」。ドクターが語るには、患者はヘロイン中毒者なのでメタドンという鎮痛剤を投与しているというのでした。

二、三週間後、ひとりの若者が（私の）カウンセリング室に入ってきました。びっくりです——、だって彼の血流に何かが起こっているのを見たのですから。「どれくらいの間メタンドを飲んでるんだい」って聞いたときの、彼の驚きようったらなかったです。

オーラ放射のなかに小片や斑点があらわれることが、ままある。また、これと同じような、薬物の反応と思われる奇妙なオーラを体験することも、まれではないのだ。

たとえば、私の研究室で長い間疑問であったひとつに「曲がったオーラ」の謎がある。境界オーラ（最外層の第四層で、外輪ともわれわれは呼んでいる）はふつう、垂直にひろがっているが、一〇人中四人くらいの割合で左か右にひどく曲がったオーラを観測することがあった。

まさか、このオーラの持主の根性が曲がっているわけじゃなし！　長い間、この曲がりの謎は解けなかった。しかし、ある日やってきた若者のひとことによって、その解答が得られたのである。

その若者のパーソナル・オーラは濃く太い水色の放射型で、この意味はすでにわかっている。スポーツ選手なのだ。問題はかれの境界オーラが激しく右に曲がっていることなのだ。ふつう、私たちがオーラの形や色の意味を聞かれて「現在のところよくわかんないんだ」と答えると、たいていの人物はあきらめるものなのだが、かれはしつこくしつこく尋ねてくるのである。答に窮した私は冗談のつもりで尋ねた。

「曲がってるのは、食物と関係あるんじゃないの？　今日、ナニ食べたのかな」かれは反射的に答えた。

「カレー・ライスですよ。大好物なんです。」

よく聞いてみると、かれは〝カレー・ライスとスパイス中毒症〟で、毎日一食はカレー、それもとびっきり辛いものを食べるというのだ。

興味をひかれた私は、以後、曲がったオーラに出会うと「カレー好き？」と尋ねることにした。冗談が本当に、ではないが、実はそのとおりであったのだ。カレーを食べて一日間くらい、その人物のオーラはほとんど一〇〇パーセント近く曲がっていたのである。カレー中毒とヘロイン中毒ではえらく話がちがうようであるが、極端な偏食は薬物中毒や強力な薬を連用しているときと同じように、オーラに表示されるらしいのである。

パーソナル・オーラはその他、妊娠や生理、急激な下痢などの状態をそれぞれ、特有な形のなかに表現しているのである。

オーラについてまわる問題に〝色彩〟の意味という大きな疑問が、残されている。私はいままで二十数点の海外文献を参照し、自分の実験もふくめて、オーラの色を追究してきたが、正直なところ、そのすべてが判明したとはいえないけれども、そのほとんどは解明できたと思う。よく日本の本に、断片的に色の意味を書いてあるのを見かけるが、それらはたいてい〝オーラが見えず〟〝自分で研究もしていない〟人びとが、何かの本からひきうつしたものであるようだ。その人はともかく、私には、それでこと終わりという態度はとれない。

海外文献から、できるだけ詳しく色の意味を抽出し、まとめておこう。また、私たちの発見した、事実にもとづく色の意味も書き加えておいた。

オーラ色彩の意味

色	意味
赤　系	情熱、上気嫌、※怒り、※活力、※エネルギー、※元気、破壊欲、※憎しみ
オレンジ系	意志、※力、※知性、克己、知恵、直観、※利己主義の傾向、健康
ブルー系	自信、信仰、働きすぎ、※誠実、•スポーツ体験、•体力
グリーン系	※適応性、順応性、アイディア力、※治癒力、ねたみ（暗いミドリ）、けんそん、幅広い知恵
紫　系	自由、純粋、霊肉統合、高い霊性（ラベンダー）、•オカルトパワー
茶　系	よくない色、オーラの他の色を妨害、※利己主義、金銭欲
グレー〜黒系	うつ状態、いくじなし、※不安、※執着、わるい考え、•生気放射不足

色	意味
赤と黒点	※怒り、憎しみ、悪意、敵意
にぶい赤とブラウン	おそれ
にぶい赤と暗緑	強欲
オレンジと暗い赤	ずるい
外輪の外が青でオレンジのくまどり	霊的知性
グリーンと赤みのブラウン	利己主義
赤と緑	※親愛への欲求
ブルーと黒	恐れのある信仰
ブルーと赤みのブラウン	自分勝手な信仰
ブルーとラベンダー	高いアイディア力
みどりがかった灰	※うつ病、ねたみ

※印をつけた項目は、生体エネルギー研究所でも確認したものである。•印をつけたものは当研究所の発見による。

前頁の表の土台となったのは、海外における色彩研究の、蓄積された事実である。ごらんのように、各色の項目がひどく〝精神〟とか〝霊〟〝こころ、感情〟などにかたよっていることがわかるであろう。こうした事実が、海外におけるオーラ研究が、科学者ではなくオカルト的求道者たちによって行われてきたことを証明しているのだ。

はっきりいって、私の参照したオーラに関する海外文献で科学的にマトモなものは、数点にしかすぎなかった。科学時代に生きるわれわれは科学教育（つまり、すべては物質《もの》、物質《もの》、物質《もの》）をいやというほどうけてきた。そのあげくに、最近では、精神の時代がきた、とやるから、もうびっくりだ。物質と精神という表現は、いつの時代にもひとつのものをふたつの言葉で表現しているだけなので、バラバラに扱えるものではないし、時代によって変わるものでもない。

このふたつはこの世、つまり、私をふくむ自然から宇宙までを貫くこの世界を表現する基本的な言葉なのだ。なのに、近代科学の発祥以来、科学、物質の科学がのさばりすぎただけなのである。

この、物質のつぎはこころの時代という時代把握は、西洋では二百数十年ぐらい前に終わったことだ。かの国では神と物質、至高と邪悪、といった幼稚な二元論が中世以来つづいている。この度しがたい、極端から極端的な考え方のはざまにあって、絶対にひとつにならないものを、ひとつに結ぼうといじらしく努力してきた群像、それは科学者ではなく、オカルティストたちなのだ。

だから、かれらが「オーラ」という、物質でもこころでもない現象を科学として扱わず、過度な情緒をまぜこんだのも当然である。

しかし、そのために、オーラ現象の〝科学的研究〟はほとんど現われなかったのである。

けれど、時代は変わった。

物質の科学が発達したことによって逆に、現象の観察法、研究方法や技術開発の手順などが、いまや、オカルト現象、とりわけサイ現象のうちの「オーラ現象」の研究に役立つ時代になったのである。いつまでも精神にこだわり、幼稚な研究にとどまることなく、堂々とオーラを解明してゆけばよいではないか。

この正面きったやりかたに反して、日本でも海外でも〝こころの時代〟を強調するあまりに、オーラを神秘やこころ、霊性にとじこめようとする動きがある。

このようなことをつづける限り、オーラの色や形の意味がはっきりと白日のもとにさらされる日は遠い、といわざるをえない。この現状を突破する方法のひとつ、それがオーラ能力者を多数つくりだすことである。

百聞は一見にしかず。

ともかくオーラを見ることだ。

さいわいにして、あらゆる人間はサイ能力を与えられているので、それをうまくとりだせば、あなたにだって見えるかもしれないのである。いや、見てほしいのだ。

そして――、この新しい次元からこの世を見つめ直し、研究の隊列に加わってほしいのである。

4　オーラ能力開発法

——誰にでもオーラ能力は潜在している。要はそれをどうやってとりだすかである。ここでは、東西のオーラ視訓練法を探り、あなたをオーラ視へと導いてゆこう。

◉案外おおい、オーラが見える人びと

あなたは、オーラなんて自分には見えない、と決めこんでいないだろうか？
いわゆる超能力となると、その能力者もすくなく、能力開発も困難である。私の研究によると、何よりも先天的素質が必要なのである。素質のない人は——、やはり、あきらめたほうがよいともいえるのだ。それよりも、超能力者たちが伝えようとしている、その超能力現象の裏側にある〝人間の新次元〟に目を向け、自分の世界観をひろげたり、自分の仕事上のアイディアを得るなどの、間接的効果を期待したほうがよさそうだ。

この日本に、実験や研究に耐えられる能力者がいかにすくないかが、この事実を裏づけているのである。

オーラ視となると、少々事情がちがう。

何より、われわれが毎日用いている「この眼」を用いるのだから、その開発の可能性は大きい。

以前、私が東京池袋・西武百貨店のコミュニティ・カレッジで講演したとき、私はいくつかの実験を実施してみた。

私が「音波オーラ」と呼ぶ現象がある。

スピーカーで音楽を再生する際、ぼんやりとした気分でスピーカーを見ていると、〝もやのような〟〝蒸気のような〟ものが、音楽につれてスピーカーから放出されたり、スピーカーの周囲にただよっているのだ。私はこの現象に「音波オーラ」という名前をつけたのである。

いわば、音が見えるのだ、オーラとして！　そんなアホな、とまた言いますか？

では一言おう。

講演で〝音波オーラ〟の話をしたあと、いくつかの音楽をステレオ装置で再生し、その最後に坂本龍一の『音楽図鑑』というLPに入っている「セルフ・ポートレイト」という曲をかけ、スピーカーをぼんやりした気分で見つめ、もやや光、蒸気みたいなものが見えるかどうか試すよう誘導してみた。

結果はどうであったか？

「音波オーラ」という、かつて聞いたこともない話を聞かされ直ちに「見ろ」というのだから無理なように思えるが、九〇名中、ナンと一〇名の人びとが何らかの光が、〝放射したり〟〝ただよう〟

のを見たのである！

しかも、その光の色をテスト用紙に記入した三名全員が、向かって左スピーカーに〈黄色〉と記入していたのである。この一致（左スピーカーと特定部位を指示したこと、黄色という共通性）は驚くべきものである。三人全員がウソをついたり、見える色を打ちあわせた可能性は絶対ない、といってよいのだから。なお、この音波オーラについて詳しく知りたい人は、私の著『サイ・テクノロジー』をごらんいただきたい。

九〇名中一〇名ということは九人に一人は、初回で、見えたということだ。

そのほか、数年間の私の講演会でアンケートをとったところ、合計三一名の〝オーラを見たことがある〟という人が出現した。

このようにみてくると、オーラ視はそんなにマレで不可思議な現象ではないのだ。

あなたも見える可能性が大である。ほとんどの人が簡単に見えることを知らないだけである。

◉オーラ能力開発のこころがまえ

アメリカの著名なオーラ能力者、ジャック・シュワルツは、オーラ能力の開発のこころがまえをつぎのように記している。

人体オーラにとりくむには、ふたつの克服しなければならない認識がある。第一、かつてあなた

は〝そんな現象なんてないや〟と言ったことはなかったか？　それをいわせるあなたの信念体系を変えるよう、とりくみなさい。第二、またこうも言ったでしょう、〝オーラが存在していても、自分には見えっこないサ〟って。

ほんと、こんなふうに考えていては、とてもオーラが見えるようにはならないだろう。あなたはどうだろうか――。私は信じたい、この本をここまで読んできた読者なら、オーラに対する認識が変わってきたはずだ、と。

そう、リラックスして、しかし激しい期待感を抱いて、オーラ視開発にとりくんでいただきたい。オーラを神秘めかして語れば、その開発はむずかしいだろうが、ないしょだけど、案外カンタンに見えるようになるのです。

◉暗闇で磁石を見つめる

オーラ能力の開発法というと、よくいわれるのは（それしかいままでの本には書いてない）、うす暗いところで〝じっと手を見つめる〟方法であろう。

そんなの知ってるよ、というオカルト・マニアにも、オーラについてはじめて知ったあなたにも、つぎの方法はどうだろうか。

イギリスのオーラ能力者、カラー・セラピスト、オーズリーは、あまり科学的でない著書『オーラの科学』(一九四九年)のなかで、つぎのような方法を推奨している。

……ベッドに入るとき、ごくふつうの鉄磁石を持ってもぐりこみなさい。部屋をまっ暗にし、一、二分リラックスすること。そして〝やるぞ〟って気分になること、これが大切です。ベッド・カバーの下に、磁石を持ちこみしっかりと見つめなさい。まっ暗で見えなくとも、磁石がどこにあるかわかるでしょう。何分かすると、磁極《ポール》のまわりにほら、うっすらとした光が見えるでしょう。この光は、あなたのオーラ視の資質の程度がよければ、とても強力に見えることでしょう。(中略)でも、光のなかの霧状の斑点やはっきりした放射線が見えなくっても、あきらめたら終わりです。能力をたしかめるために一週間や二週間はがんばりなさい。

この方法について、ライヘンバッハは別な暗示を与えている。かれの、とても敏感なオド・パワー視能力者ですら真暗闇になれるために、一時間はがんばり、やがて見えてきた、と。

◉黒いカーテンの前の人物を見る

オーズリーは「磁石テスト」につづいて、気のあった友だちのオーラを、試しに見ることをすすめている。

この場合、友だちを黒いカーテンの前に立たせるか坐らせる。カーテンからの距離は三〇センチぐらい、うす暗い光がその人物を均等に照らすよう準備する。さて、あなたは椅子に坐ってこころの準備をするためにリラックスする。できるだけ積極的な気分になること。オーラのことに精神を集中すること、でも意気ごみばかりを空まわりさせないことだ。それから静かに細く目を開いて、友だちの身体の周囲にもや、光、霧などが見えないかどうか試すのである。見えなくってもがっかりしないことだ。

◉オーラを見るための四つのコツ

私の研究室では、七人の能力者を開発したのであるが、まったく見えなかったころのかれらに私が要求したことは、見ることにかんかんになるよりも、「感じる」ことを第一にしろ、ということであった。なるほどオーラや生気は肉眼で見えるし、実際の人体を見ているのだが、その人体の周囲に〝見える〟と〝感じる〟の中間くらいの感じで、たしかに空間に放射されているのだ。

これが第一のコツである。

その空間には、何か特別な雰囲気がただよっているのだ。それを〝感じる〟のである。

第二のコツは、念入りに（しかしぼんやりとした気分で、被験者の身体と空気の境目、うしろのカーテン、身体そのものへと視線を動かしながら）主として、被験者の〈頭部〉に注意して見ることである。目の焦点を、いろいろに変えるのである。ある瞬間に、もやや光のようなものを〝見たり〟〝感じたり〟したら、それはオーラの一部である。

第三のコツは、**最初からバチバチに見えたりすることを期待しないことだ**。

現代人のほとんどは、オーラ能力を持ちながらもそれを眠らせているのである。だから、一時の思いつきでオーラ能力の長き眠りをさまそうとしても、一回や二回の試みではうまくいかないことがおおい。過度な期待をもつ人ほど、投げるのも早い。

でも、静かなしかし強力な意欲《ニーズ》を抱く人は、きっと眠れるオーラ能力をとりもどすにちがいないのだ。

欲求と、それを持続できる忍耐力、それが第四のコツである。

◉万物は光っている、感動せよ

マグネットや人体の頭部オーラをオーラ開発の第一歩にするやり方は、西洋伝来のものである。

東洋には、オーラ視はないのだろうか？

あるのだ。

だいたい生気や元気、意気や精気、邪気や正気、といった中国伝来のことばは「見えないもの」なのである。しかし、それらは「感じられるもの」であるといったら、読者は納得できるはずだ。だって、われわれは東洋人だから先天的にそのセンスがそなわっているのだから。

生気あふれた人

元気いっぱいのかれ

精力ゼツリンの男性

……などといったら、その状態が想像できるはずだし、そんな人を「絵」にして頭のなかに浮かべられるはずである。つまり、そのような人に会うと、オーラは見えなくとも生気や元気、精力は感じるはずなのだ。西洋人は見ることにこだわり、東洋人は感じることにこだわってきたのである。だから西洋の油絵はゴタゴタと塗りたくり、それがゆきづまると〝感じること〟へと方向転換をはかり、極端な抽象画へと、とびこんだのである。それにひきかえ、東洋の絵画は、匂うような〝感じる〟淡い絵なのだ。

そこで西洋でオーラが、東洋で気が発達したのである。つまり——

オーラは見るもの

気は感じるもの——

という、先入観があなたのこころにないだろうか？

そんなあなたがオーラ能力の開発にとりくむとき、見ることにこだわれば、いきなり西洋人になろうとするようなものだ。

ここに、私がさきに〝感じる〟と〝見る〟の中間の感覚をみがきなさい、といった意味があるのだ。

きょうから万物を注意深く〝見る〟と〝感じる〟で見てください——というのが、第五のコツであり、これこそが東洋独自の、東洋人向きのオーラ能力の開発法なのである。

そのためには、音楽の好きなあなたは「音波オーラ」を、見るよう感じるよう努力してほしい。

好きな音楽をかけ、のめりこんでほしい。

絵が好きなあなたは、万物自然の気にふれて酔ってほしいのである。一本の花、雄大な自然にふれて自分の気配と自然の気配を感動とともに、融合してほしいものである。

食い道楽のあなたは、できるだけ新鮮な野菜や魚、できたての料理のあの華やかな〈生気〉を感じとってほしいのだ。古い魚と新鮮な魚をならべてマナイタの上にのせてほしい。見くらべてほしい。ほら、新鮮な魚からはカゲロウのような、もやのような、青いような紫色のような、光とも蒸気ともつかぬものが放射しているでしょう。それが生気なのです。オーラなのです。

録音のよい好きな音楽

感動する大自然の光景

とびっきり新しい青背の魚

——それらが、きっとあなたの生気視能力を開いてくれるだろう。

きょうから、万物に感動してほしいのだ。だって、それらはたしかに光っているのだから。たとえ道ばたの小石でも！　あらゆる存在に注目してほしい。イキイキとしてほしい。オーラはたしかに未知の世界を開くが、それはネクラの世界ではないのだ。またオーラを霊的に考えすぎないようにしてほしい。これは自然現象のひとつなのである。

オーラ視を失い生活におぼれた鈍った目には見えないかもしれないが、この世の一景一景が〝生命の饗宴〟なのである。

◉古代中国の望気術

そもそも中国人が〝気〟を発見したのは、来ては去る〝雲〟の流れに注目したからなのである。かれらは雲の動きに、万物の背後で集まり来たりては散じてゆく気の流れを直観したのである。気は動きである。気は走る、流れる、飛ぶ、集まる、散じる。動かない絵の世界ではないのだ。つまり、気を見たのではなく〝感じ〟たのである。

では、古代の中国人たちはオーラを含む気を、感じただけだったのだろうか。ちがう。かれらの一派はしっかりと気を〝見た〟のである。

その技術こそが望気術なのだ。

観天望気術というのがある。

これは、天空をながめて天気のゆくえを占う方法である。この術の場合、

①実際に目に見えるつぎの天候の兆し

②目には見えない気配

のふたつのやり方をミックスしていたのである。

しかし、望気術はたんに天候についてのみ行われたのではない。戦国時代、さまざまな兵法が発達した。その術のなかに望気術があったのだ。軍隊には必ず望気術者が配属されていた。かれらの役目は布陣にさきだって小高い丘に登り、四周をながめまわしながら、ものかげに隠れている軍隊

の〝気配〟をうかがうのである。軍隊がひそんでいる場所からは〝気〟や〝気勢〟がわきあがっているると考えられた。かれらはそれを〝オーラ視〟したのである。

また、雲気というものがある。

これは自然界の雲ではない。『史記』にはこうある――「吾令人望其気」人をしてその気を望ましむ。ここにいう気が「雲気」なのだ。これは一般的には〝偉人のいるところに立ちのぼる気〟であるとされている。

まさしく人間オーラそのものではないか。

このようにみてくると、中国人たちは〝気〟を感じただけではない。たしかにそれをオーラとして見たのだ。

しかし、時代が進むに従って望気術の伝統は失われていった。驚くべきことに、その後、この術は日本において完成されたのだ。江戸時代を生きた博学な家政学者、佐藤信淵こそが、その立役者なのである。彼は山相望気術なる術をさる仙人より授けられ、全国をまたにかけて鉱山を探して歩き、実際に、いくつもの鉱山を発見したのだ。この詳細は私の著『サイ・テクノロジー』をごらんいただきたい。

ともかく、中国で失われていった望気術は、風水術や、第Ⅲ部で記す病相観相術へと不完全に組みこまれ、変遷していったのである。

中国古代には、以上みてきたように――天候、〝気配を読み〟〝感じ〟〝オーラを見る〟――ことが渾然一体となった望気術とオーラ・テクノロジーが存在していたのだ。

　また、それらの未知のエネルギーをキャッチしただけではない。それらのエネルギーをコントロールする各種の技術があった。

鉱山探索技術
病相診断術
身体改造術
生気を利用した各種の治療術
天候支配術
人身支配術

……ありとあらゆる局面に気がからみつき、その応用技術が開発されたのだ。しかし、その後のたび重なる戦禍の嵐、近年では西洋科学の侵入によって、明代にはそのほとんどが失われてしまった。形としては残った。しかし、それは〝気〟と〝オーラ〟を言葉としてだけ用い、実際には五官だけを利用する〝うすら汚れた〟迷信群でしかないのである。

　たとえば鍼灸術はどうだろうか。

　本来は、生体の雲気《オーラ》を観相し、生気を与えたり邪気を抜いたりするサイ・テクノロジーであったこの医術はいま、気を信ぜず、ましてや感じることもできない人びとが、霊気《オーラ》を見ず、生気をコントロールすることもできず、ただやみくもに〈肉体〉をブスブスと刺すだけの技術になってしまったのだ。

困ったことに、刺激効果（つまり、エネルギー体治療ではなく、肉体治療の効果だ）というものがあり、効果がないわけではないが、本来の鍼術とは根本的にちがうのである。科学、つまり物質支配のテクノロジーが中国や日本に侵入するとともに、望気術や気操作技術は〝気〟を抜きとられ、ぬけがらだけになってしまったのである。

気抜きの、単なるスポーツとなった武術
気抜きの、単なるマッサージとなった導引術
気抜きの、めったに的中せぬ天気予報におちた観天望気術
気抜きの、単なる刺激療法になった鍼術
気抜きの、単なる人相術におちた望気術
気抜きの、単なる体操になった太極拳
気抜きの、単なる精神療法におちた仙道秘術
――全部、失われてしまったのだ。

本場中国がそうなのだから、この日本では……。

だが、ここ二〇年ほど、武術家を先駆として〝気〟の探求をめざす人々が増えてきている。筆者の弟子や友人の中にもそうした人がいて、医療と武術の分野において〝気〟の諸相が解明されてきたのは喜ばしいことだ。次の段階として〝気〟と〝オーラ〟の探求に進んでいくよう心から願っておきたい。

5　オーラと気をキャッチする究極の訓練法

◉これしかない、オーラ視訓練法

話を再びオーラ能力の開発にもどそう。

私の研究室では過去三〇年にわたって、オーラが見える人びとがどんな条件をそなえているか、調査をつづけてきた。私が発見した三一名のオーラ視体験者に、アンケート調査、面接などを実施してきたのだ。

その結果のいくつかを示し、読者の参考にしていただこう。

まず肉眼との関係について、オーラ視には、視力は関係ない。ごく普通の視力の人がおおかった。片目の人、弱視の人、また色弱もオーラ視が可能であることがわかった。近視、遠視でもよい。でも、日常生活にさしつかえる視力の人は、オーラ視は無理のようである（と、私のデータは示しているが、ちがっていたら連絡してください。なにせ、オーラと視力の関係をここで文章にしたのが、ナンと世界初なのです。それほど科学的研究がすくないのだ。いっしょに研究してゆきましょう）。

つぎに、オーラが見えるようになったきっかけにつき、生まれたときから見えていた人はひとりもいない。しかし、オーラとはどういうものかを知って、過去の体験のなかで光を見たことがあり、

〝あれがオーラだったんだな〟とはじめてわかり、訓練して見えるようになった人びとが三分の一、いた。

だから、この本を読んで、過去の〝オーラ視のような〟体験をふっと思いだしたあなた、あなたはきっと見えるようになるだろう。

つぎに、本を読んだり他人の話をきいてオーラ視を試したり訓練して、見えるようになった人が三分の二、いた。

そのほか——

・メガネはオーラ視に関係ない
・鏡にオーラは映らない（映るのは、オーラのように見える幻覚である）

——なども判明した。

さて、さらに、オーラ視訓練法について記してゆこう。

オーラ能力者たちはつぎのようにアドバイスしている。

①眼のはしっこ（視野のすみ）にちらっと見えることがある。視野のはしっこで見ることを「周辺視」という。視野全体に〝映って〟いるものに注意をはらうこと。

②下目づかいのほうが見やすい。眼を細めて頭を後ろに傾けてみる。

③対象（人、もの）の形のりんかくと空気との境目に注意すること。だからといってじっと境目

を見つめず、対象物⇅境目⇅空中と、パッパとすばやく視線を動かすと同時に、
④焦点をボカして、ふっと眼をとめたとき、見えることがおおい。
⑤気分はボンヤリとして！

かれらのアドバイスを記しながら私は、第I部3に述べた〝画家のオーラ視〟の話を思いだした。かれらは職業上、いつも絵の対象を、あるときは見つめ、あるときはながめ、いろいろに焦点を変えて観察しているにちがいない。ふつう人は、まわりの物体や人をかれらほど見ていない。対象物をよく見ることがオーラ視の秘訣なのだ——。だって、オーラはつくりあげるものではなく、対象物にそもそも最初からあるエネルギー体と、その放射なのだから！　こう考えてくると、オーラ能力者たちのアドバイス、ぼんやりすること、受身になること、の意味がわかってくるのだ。

さて、そのような気分で見ていると、対象物の周囲に、黒、あるいは無色、ときには黄色の帯《バンド》（幅5ミリぐらい）が見えてくる。それがエーテル・オーラの一部なのだ。つづいてそのバンドの外に、もやや蒸気のようなもの（色は無色、あるいはうすいうすいブルー）が見えるだろう。

私の経験によると、疲れきっているときにオーラがよく見える。見えるどころか、見えすぎるのだ。室内を見ても人物を見ても、どこもここも光の洪水だ。

そんなとき私は、肉眼というものがオーラ視を妨げているのだな——と、つくづく思うのである。疲れきって肉眼の調節機能が狂うと、オーラ能力が〝解放〟されるような気がするのだ。二つの視

界（物質世界とオーラ世界）を同時に見ることがむずかしいのも、このへんに理由がありそうだ。

別なとき、たまたま疲れをいやすために目を閉じて何分かリラックスしたあと、ふと目を開けて自分の腹を見て、ショックをうけた。

海の水よりも空の青よりも清らかなブルー色の、まるでドライアイスのガスに強力な青色ライトを照射したような輝きが、目に映ったのである。リラックスしていたため身体感覚がうすれていたこともあって、身体は〝気〟の集まりだな、とつくづく思ったことであった。

テクニック1　オーラを見るための最終行法

このような私の体験からみて、疲れているときにすこしリラックスする深呼吸をし、それから〈直ちに〉オーラ視訓練をするのがよいでしょう。

机の下に両手を入れ、手のひらを上に向ける。両手の指を接触させずに、一～二センチ離す。うす暗いなかの手の指のりんかくと、とくに指先につぎつぎと視線を泳がせましょう。手のひらに焦点をあわせ、ひとわたり、りんかくや指先を見たあと、手のすこし下に焦点をあわせ（指先をもろに見ないようにして）、まるで〝景色を見るような視線と気持ちで〟両手をながめてください。

①肩の力は抜けていますか。

オーラ視訓練のための準備体操

①

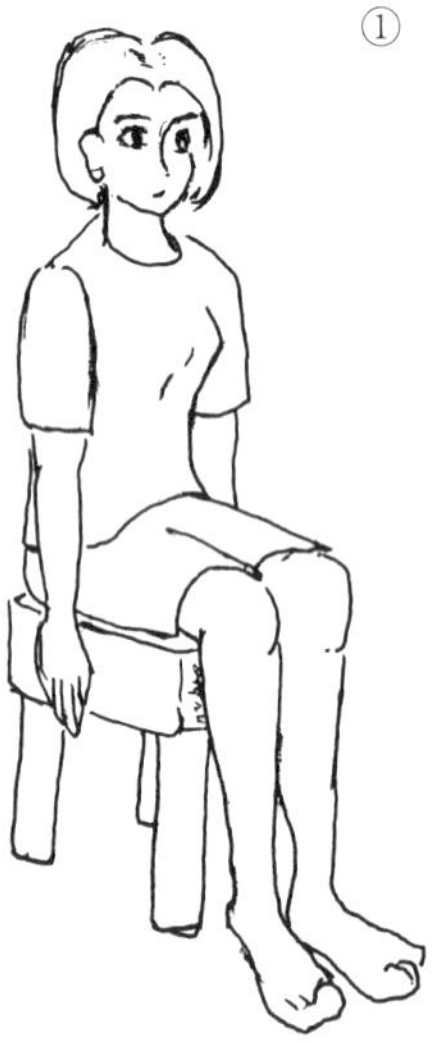

椅子に坐るかたたみに正座してリラックスする。身体をまっすぐ、背筋を伸ばす。

ワシのポーズをとる。首をまっすぐにして、それから首をすくめる。両手は力を入れず45度にひろげる。2秒間息をとめてつづける。その後息をはきながら一気に①へ。

②

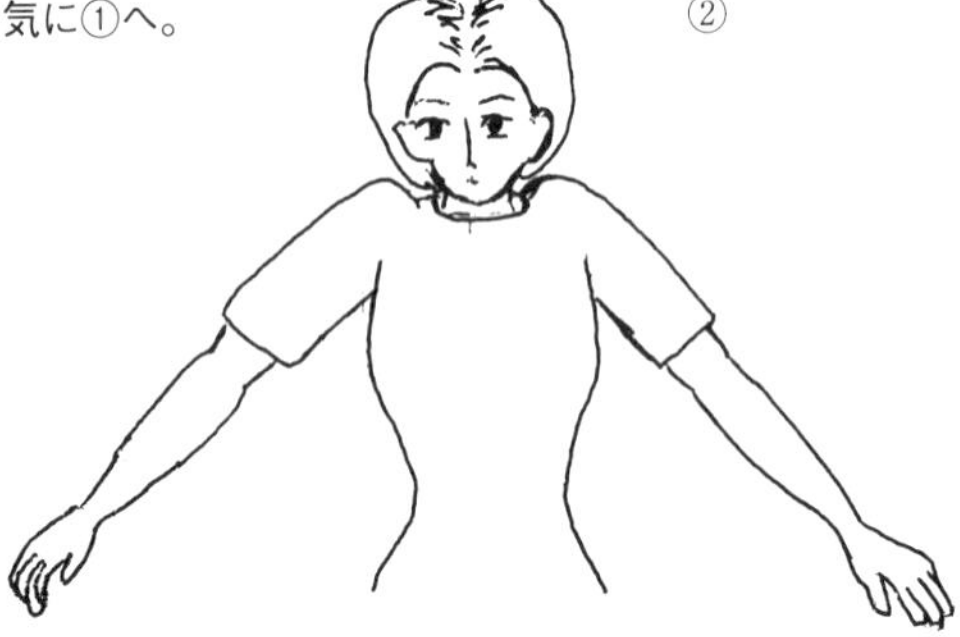

③－1

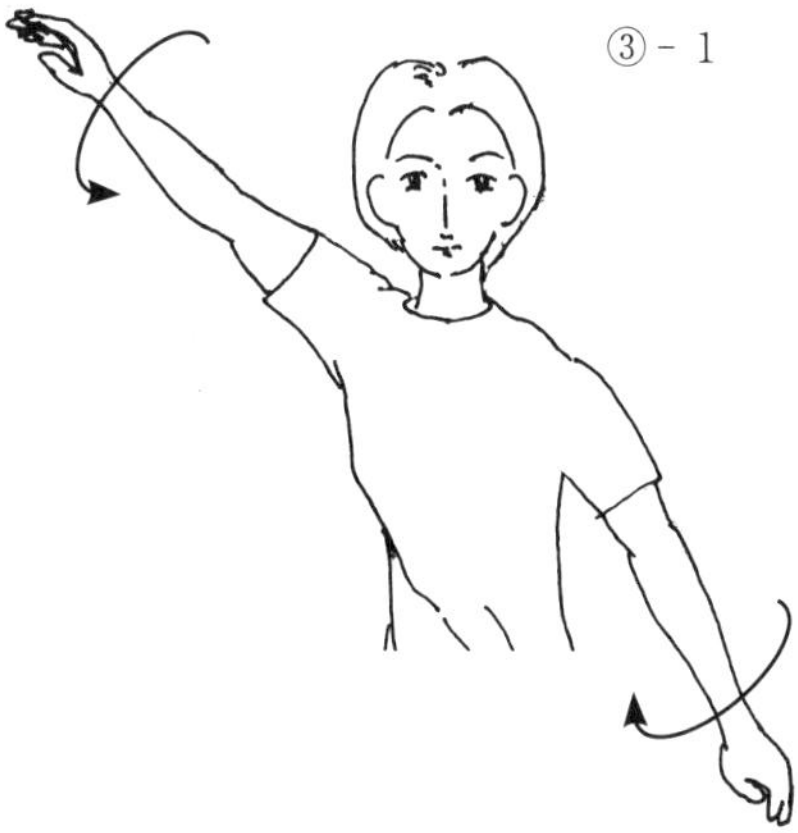

腕をねじりながら（内回しでも外回しでもよい)、図のようにななめに腕をひらく。左右交互に２回くりかえす。呼吸は関係ない。
①の姿勢にもどり、リラックスしながら呼吸して、本文の訓練に入る。

③-2

②首は緊張していませんか。

この二点をチェックしてください。

もし肩がこっていたり首が硬かったら、図（130、131頁）のような、〝オーラ訓練のための準備体操〟をしましょう。身体の硬い人はオーラが見えにくいのです。

体操のあと、視力が急速にあがったことをあなたは感じるでしょう。首も肩もらくになっているはずです。ついでに書いておきますが、オーラを見、生気を感じ、あとで記す病気治療法、健康保持テクニックの実践にあたっては、首と肩の力をぬくことが必須条件です。日常的に、肩をこらさないよう注意してください。瞑想はとくに必要ではありません。逆に瞑想に時間をとるよりも、体操とオーラ視訓練に時間をさいてください。変に精神的になるよりも、自然の光景に感動する〝自然児〟であってください。

自然児は肩も首もこっていません。

自然児は柔軟な身体を持っています。

野を走る自然児はしなやかな身体を持ち、植物も動物も光る存在であることを、そのまま理屈ぬきでうけいれているはずです。

だから、日常のなかで〝気をこらさないよう〟（気がこると身体がこり、身体がこると気がこります）、注意しましょう。この努力によって得られる効果は瞑想の何倍にもなります。保証します。

太極拳をやる中国の人びと。ほら、かれらは朝の空気と太陽と自然のなかで、ゆっくりとしなやかに動いているでしょう？　この自然児の部分が、きっとオーラを〝見る〟のではなく、そのままあなたの眼に〝映る〟、こころと身体の条件をつくってくれるのです。

では、体操が終わったら、この本のどのオーラ訓練法をやってもよいですが、とりあえず、あなたの手を見る方法に帰ってください。

テクニック2　生気を〝感じる〟トレーニング

方法を知ろうとする前に、生気とはナニかをこころのなかで、はっきりさせてください。

そう、生気は「イキイキ」しています。ときには「ピカピカ」した感じです。「キラキラ」するのもあります。

イキイキは切りたての草花、とれたての魚

ピカピカはスターの華のオーラと新品

キラキラは宝石の鉱物オーラ

新しいもの、新品の気はとても強いことを覚えていてください。ときめくでしょう、おニューの靴にも服にも、ヨメにも。

このトキメかせるものは物質ではないのです。そのもののオーラや生気が、気の集合である〝私〟

と共振し、そこにおのずとトキメキや喜び、感動が生まれるのです。

あらためて記しますが、この本では、生気を生きているものの〝元気〟、気を生きものと鉱物や植物、製品など、この世に存在する、すべてのものの背後にある未知のエネルギーとして、オーラは気と同じですが、オーラ視によってのみ見えるエネルギー体放射の意味で、それぞれ使ってゆきますからヨロシク。

――ですから、生気を感じるトレーニングをするときは、イキイキ、ピカピカ、キラキラということばと、対象物の〝感じ〟を、ぴったり一体になるようにしておいてください。そのためには、日常生活のなかで、イキイキしたものはコレだな、とか、ピカピカした新品の感じ、美しくキラキラ光る宝石や星を眼で見るのでなく、全身で感じるように努めておくことです。ものにも生きものにも「気配」があります。ものにとらわれずに、そのものの気配にアンテナをあわせるのです。

ものわかりのいい読者は、わかった、と言ってくださるでしょうが、日常のトレーニングで不十分だと思われる読者のために、トレーニング法を記します。

冬になるとミカンが家にとどきます。

たとえば、ミカンの生気を感じてみましょう。

机やコタツの上に黒い布（ビロードやフェルトなど反射のないものがよい）を敷き（四〇センチ四方）、その中央に新鮮で重いミカンを置きます。さて、テクニック①のオーラ視促進体操をしましょう。全身の力がゆるんだら眼を閉じ、ゆっくりと（無理にゆっくりはいけません）呼吸し、こころを落ちつけ、つぎの手順でトレーニングしてください。

イ　じーっと眼に力をこめてミカンを見つめます。マバタキしないで！　二分くらいしたら目の力をゆるめ、目を閉じます。

ロ　ゆっくりした呼吸のテンポを変えないで静かに目を開きます。

ハ　（必ず）息をはきながら、イほどではないですが目に力をこめてミカンを見ます（このとき、目から気エネルギーを一直線に注ぐのです）。

ニ　つぎ、息を吸いながら目の力をゆるめた状態で、意識しないでミカンをながめるのです（このとき、ミカンの気を目に受け吸うのです。目はハよりすこし大きく開けておいてください）。

ホ　ハとおなじです。目をすこしきびしく。

ヘ　ニとおなじです。目をゆるめてやさしく。

ミカンと自分の目の間に、見えない線があるのです。

ミカンの気を呼吸するのです。

五分か一〇分を一回として、何日でもつづけてください。ミカンをほかのものとかえてもよいです。あきると「気が逃げます」から品物をイキイキ、ピカピカ、キラキラ、したもののひとつにかえてください。「青背の新鮮な魚」「イキのよいバラの花」などが効果的です。

オーラが見えるあなたなら、すぐに生気を感じるでしょう。と、同時にオーラも見えるはずです。

オーラが見えかけのあなたなら、しばらくのトレーニングで、気を感じられるようになるでしょう。

オーラも気もだめなあなたは、身体に力が入っています、感じようと意志力でゴリおししようとしています、改めてください。仲よくなることです、ミカンと。うっすらとモヤのようなものが見えたら、それがオーラ視のもうひとつの始まりです。それを無視したり、見え方に不満を持たないでください。日を重ねていくうちにモヤが濃くなっていくでしょう。オーラはガス状に見えますから画用紙に色を塗ったようには見えないのです。また、オーラは動いていますから、不安定であることも覚えておいてください。

ともかく、ミカンの周囲にメラメラと舞う蒸気のようなエネルギー場が、見えると感じるがミックスしたような気分でキャッチできたり、たんなるたべものだと思っていたミカンが、自分と一体となり、〝生きてる〟って実感できたら――、トレーニングは終わりです。

第Ⅲ部　生気とオーラの発現能力開発法

1　迫りくる邪気の嵐——オーラの環境学

◉動物が生存するための三条件

日常の世界を見まわそう。

ナニか異変の波を感じないだろうか？

多摩動物公園園長や上野動物園園長を歴任された中川志郎氏はつぎのように語っている。

……動物舎をつくる場合に私たちが最大限気をつけているのは、水と土と緑をどうしても動物には与えなくてはいけないということです。水もできたら流れていた方がいいし、土は掘れたり、土浴び、砂浴びができるほうがいい。緑は草が生えていて、樹が生えているという環境をつくるようにしています。草が生えると必ず昆虫が来ますし、昆虫が来ると花があって花粉受精がおこるというような、小さな自然がそこに生まれるわけで、水と土と緑は動物にとって不可欠なものなのです。

（傍点筆者、季刊『まちとすまい』第9号、都市住宅整備公団発行）

人間は動物だ、というとあなたはいやな気がするだろうか？　でも、自然界にあって、人間は〝文化を持った動物だ〟と中川さんはいう。ステレオや電気冷蔵庫などの便利さに代表される文化を、人間が持っているからといって、人間が動物ではないとはいえないのだ。文化を持つ動物が、動物の部分をどうカバーするかということが忘れられてしまっている、と中川さんは嘆く。

動物が生存するための基本的な環境、「水」と「土」と「緑」は大丈夫か？

答はいうまでもなく、あなたが感じているとおりである。

緑の生気不足のため人のこころは荒れ、つぎつぎと高台に建てられた家々が大雨ごとに流される。コンクリートにぬりこめられた大地、それは土の気を放つことはないのである。

中川さんのいう「水」と「土」と「緑」は危機に瀕しているのだ。

◉邪気と正気、生気と精気

われわれに襲いかかる危機の状況を、気の理論によって読みかえてみよう。

いままで何度も記してきたことを整理すると、次頁のようになる。

五官でとらえられる世界を科学は相手にするが、気やオーラの理論は、五官ではとらえられない、あるいは五官で間接的にのみとらえられる世界を相手にしている。つまり、このふたつをあわせると、人間が接触できる世界の全貌が姿をあらわすのである。

すなわち、東洋の気と西洋の生体エネルギーは、同じものにちがった呼称、とらえかたでアプローチしているのだ。

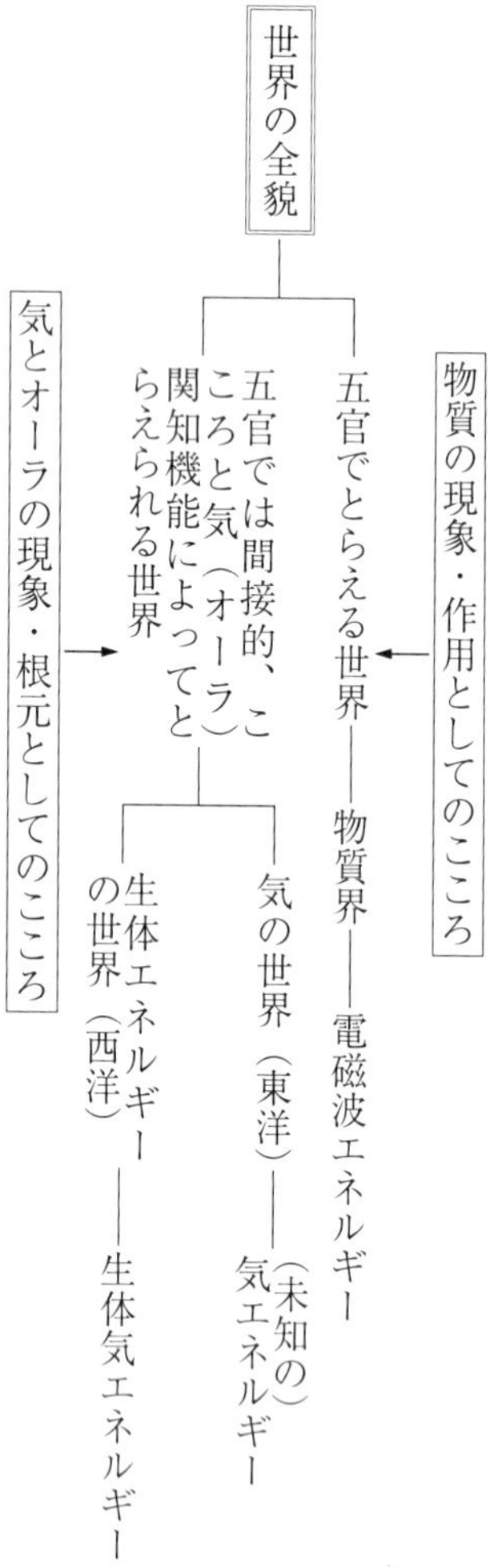

気とオーラの関係

					特殊先天的な人、トレーニングによって見えたり感じたりする世界
見える世界(外界)と見えないが感じる世界(内界)				気	生体エネルギーとオーラ
自然界	外界	空、宇宙、天候		天の気(六気)	コズミックエネルギー
		大地		地気	土地のオーラ
		鉱物		土気	鉱物オーラ
		動植物		それぞれ固有の気と気配	生体エネルギーとオーラの変化
感じる世界	内界	人間	からだ	生体の気(生気)	第I部 4の表 第II部 3の表 の分類 ①②③④⑤
			こころ	神気の種がつくる心の気(七情)	
			魂	遊気 霊気	
		超越界		神・気	〃 ⑥⑦

さきに第Ⅱ部3でオーラは詳しくみたので、ここでは気をとりあげよう。そのまえに、気とオーラの関係をスッパリと表（前頁）にまとめておく。

さて、東洋思想、とくに東洋医学では気をまず陰と陽に分ける。

気─┬─陰──沈む気──ひそむ気──身体の内部の気
　　└─陽──浮かぶ気──発散する気──身体の外部にある気

さらに、人間にとって有用な気と害になる気をわける。

┌─有用な気──正気──身体を存続させる気
└─害となる気──邪気──身体をむしばむ気

さて、生命力の根元は腎に宿り、それと協同して身体をやしなう気がある。

┌─生命の根元の気──先天の気──父母からもらい腎に宿る気
└─生命をやしなう気──後天の気──呼吸と食物からとる気

別な角度から、生命にかかわる気のことを生気、生命をさかんにする気を精気という。

┌─生気──身体全体の生命を保つ気
└─精気──身体の生命を強める気、または発散する気

また、身体を守るという立場から気を分類するとつぎのようになる。

┌─陰気──五臓にある気で、からだを守る気、動かない
└─陽気──六腑にある気で、からだ守り、外部に発散する

気そのものには本来「正」「邪」はないが、ある物質の気や外気が無用な働きをしたり、あるいは生命の維持をじゃまする形で働いたとき、その気は「邪気」になるのである。たとえば自然の風は、空気を動かし空間を清掃する役目を持つが、人間の身体にあたりすぎると、身体を冒す「邪気」（この場合は風邪気）となるのである。

また人間は天と地の中間にあって

┌地より陰気を――母に象徴される
└天より陽気を――父に象徴される

陰陽の二気をうけ、その生命現象を営んでいるのである。また緑色は、五臓の肝を象徴し、怒りをしずめ、こころを安定させる働きを持つ。

このように、気の理論を点検してくると、中川さんのいう動物にとって必要な環境、「水」「土」「緑」の本当の意味が見えてくるのである。

まず、水の気は、

①すべてのものを清浄化する働き
②食品の栄養の気をとかしこむ働き

――をなすので、水が不足したり、水に無用なもの、つまり邪気となって働く有害物が含まれていると、人間をはじめすべての生物の生命力が阻害され、生命力の維持がじゃまされるか、生命現象がストップするか、どちらかの害をこうむるのである。

つぎに、土の気は天の気と一対となって人間をはぐくんでいる。土がコンクリートにかわると、コンクリートの気は土の代用を完全にはしないので、身体の陰気不足となり、天の陽気ばかりが強く昇る結果を招く。現象的にみると、こころの不安定（頭に血が昇る）がはびこり、陰作用としての無気力と、陽作用としての過大な興奮、暴力の日常化が招かれることとなる。「緑」の意味はさきに述べた。

おまけに、自然界はひとつの不要物もなく運行されているというのに、科学技術は、便利さの追求、平和のための兵器開発という奇妙な論理をふりまわして、自然界にはない不要物をつぎつぎと合成しばらまいてゆく……。ウラン鉱石などの放射性物質すら自然界の〝そこ〟にある限り人間に害を及ぼすことはないのだ。しかし、それを利用しようとして精製し、人間の世界に持ちこむと邪気を放つようになる。これこそが、邪気中の邪気となって、自然と生物をじりじりとむしばみ、死へと追いつめてゆくかもしれないのである。

またＰＣＢ、ダイオキシンなどの猛毒をはじめ、発癌性物質、放射能、えたいのしれない人体にとって未知の物質がわずかずつわれわれの身体に、土に、水に、浸みこんでいっている。どうすればよいのだろうか？

中川さんもいうように、文化生活などというものはほどほどにしたほうがよい。静かにじわじわと迫りくる邪気の嵐をさけ、対抗するためには、科学や文化生活の点検見なおしとともに、動物としての人間という原点にたちもどるべきだ。

そこで、つぎのような方法が考えられるだろう。

テクニック3 邪気をさける

古代中国の薬草医学の始祖は、神農と呼ばれる架空の人物です。かれは野山をかけめぐり植物と動物、それに鉱物を三本柱とする薬をつぎつぎと発見しました。

でも、そもそも薬は、動物が病気のとき、それに効く薬を探して喰《は》むのを見て人間もそうだろうと、いろいろ試して発見されていったといわれています。

動物が自分の薬を発見したのは科学によってではありません。動物的なカンなのです。このカンをかれらは知ってか知らずか、危険を避けたり安全な食物や場所をさがすのに、日常的に使っています。動物は自然界の毒（邪気）はカンによって避けます。でも、人工的な毒に対しては動物のカン・メカニズムにプログラムされていないので、ひっかかることもあります。でもカンによって（たぶん気配を察知して）うまく逃げることもあります。

雪国の鳥、モズは冬にそなえてエサを、木のある高さのところに保存しますが、その高さは、必ずその冬の雪がつもる高さのすこし上になっています。ということは、モズはその冬の雪が木のどの高さまでつもるか〈予知〉していることになります。鳥の超能力だ、といわざるをえません。

このように動物は「気配」を察知し、ときには「予知能力」を行使して自分を守っているのです。この能力は先天的なものです。

この際、人間サマは万物の霊長だ、などとイキがるのをやめ、動物であることを思いだし自覚したらどうでしょう。

そうすれば、われわれの遺伝子にきっとプログラムされているはずの「動物的なカン」のチャンネルが、開発されるはずです。

日常のなかで、何が正気で何が邪気か、いつも注意していれば、「気」や「気配」が読みとれ、ときには危険を予知することができるのです。超能力などという言葉はどうでもよろしい。あなたにもそなわっている眠れるカンをたたきだしましょう。そのためには、一にも二にも、動物であることを思いだし、一瞬一瞬の気配を読む（感じる）ようトレーニングしましょう。すべてのことに、動物がきっとしているように、右か左か、勝つか負けるかこころを澄ましてください。

2 〝緑の手〟の人間を探せ！——オーラの治療学

◉エネルギー場を〝感じる〟手

いつの時代にも、手を用いて病気を治す人がいた。

私の研究によると、それらの人びとはたいてい〝緑の手〟を持っていたのである。といっても、その人の手がペンキでも塗ったように緑色であった、というわけではない。

かれらの手のオーラが緑色なのである。それらの人はどのような人物で、どうやって見つければよいかを述べる前に、手の隠されたパワーについて追究しよう。

ところで、あなたのオーラ能力は開発されただろうか？　生気を感じるだろうか？

ここでは、「オーラにさわる」方法について述べよう。

テクニック4　エネルギー場に触れる法

エネルギー体のことをどうしても、もっとはっきり知りたい、と願うあなたはつぎの方法を試されるとよいでしょう。

仲のよい友達か家族と組んで練習することにします。

①まず、かれ（かのじょ）を椅子にかけさせます。背骨がまっすぐにのびるような椅子がよいでしょう（裸体にならなくてもよい）。

②あなたの手のひらをかれの皮膚上三〇センチ上空にかまえ、つぎに徐々に五〜一〇センチの高さに近づけます。決して身体にさわらないよう！　手のひらの感じに変化はないですか。

③手を皮膚の上空三〇センチで、身体面に沿って上から下へゆっくりと動かしてゆきます。手のひらと指先の感覚に注意しながら手を移動させていきましょう。

④ナニか、風のような、冷たいような、熱いような感じがしたら、そこで手をとめ、もうすこ

し上に手をあげてようすをみます。また皮膚に近づけて何センチ上空に変化があるかを感じとります。

⑤そして、どの高さでナニを感じたかをはっきりさせておきましょう。

⑥簡単な人体図を描き、そこに、手で感じたことをつづりあわせて書きこんでゆくと、かれの〝エネルギー場〟の形がわかるでしょう。

このようなトレーニングをつんでゆくと、よい意味の循環がはじまる。

つまり、最初のころの実験では何も感じなかったのが、あきずにくりかえしているうちに〝壁〟を突破する瞬間がやってくるものだ。ナンにも感じなかった手が、とくにエネルギー放射の強い人物や、強い部位と遭遇することによって〝感じる〟ようになるのである。この種のトレーニングはオーラ視や気配感知と同じように、一度、困難な壁を突破すると、眼や手が自動的にコツを覚えるので、くりかえして体験できるし、体験のたびに能力は強まってゆくのである。

止まらずに、がんばってほしい。

いくつかのコツをつぎに公表しよう。

①感じるのは手のひらやとくに指先であるが、手を動かす場合、手首を動かさずにひじと腕全体を動かして手のひらをすべらせること。

②手の温度が冷たすぎぬよう、温かすぎぬよう。冷たいと放射が感じにくく、熱いと自分の手

エネルギー場の記入例

被験者

実験時間　　　　　　気温

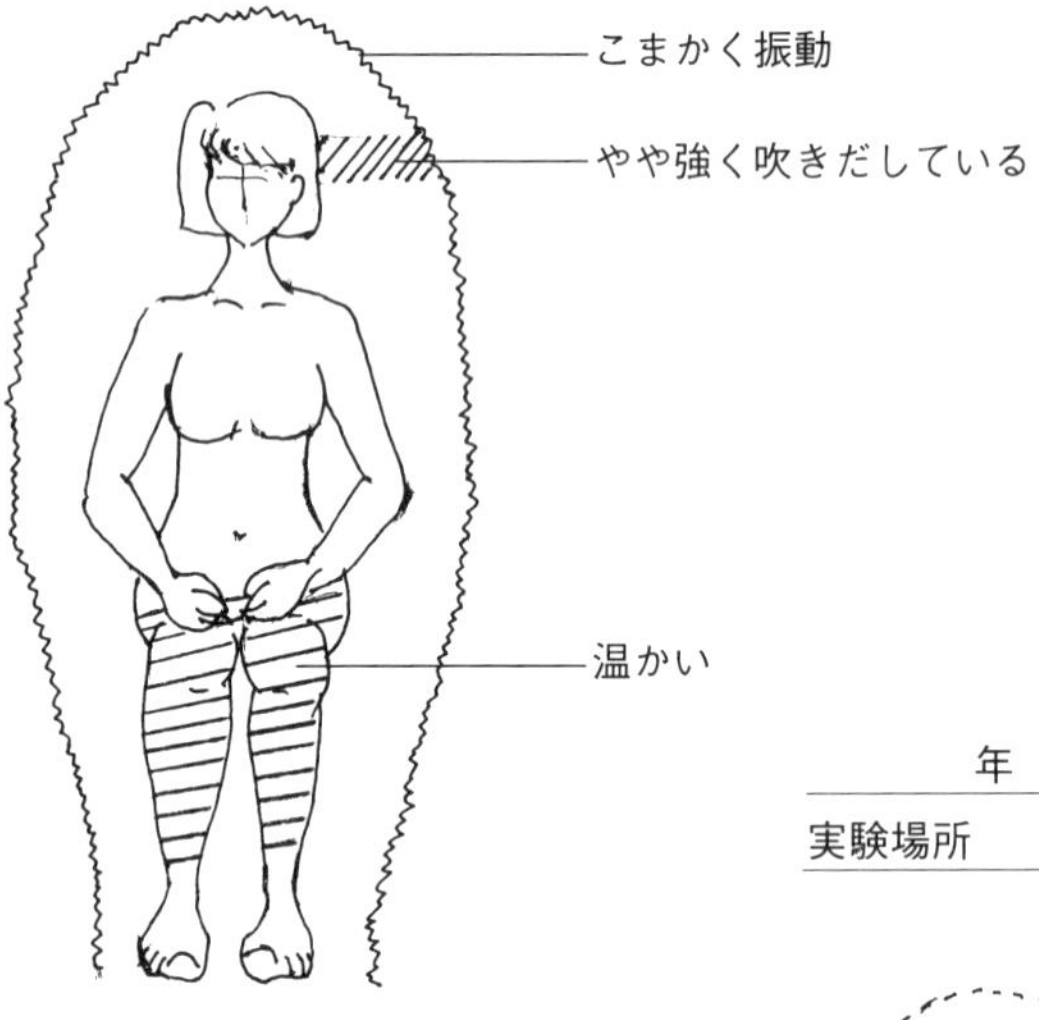

年　　月　　日

実験場所

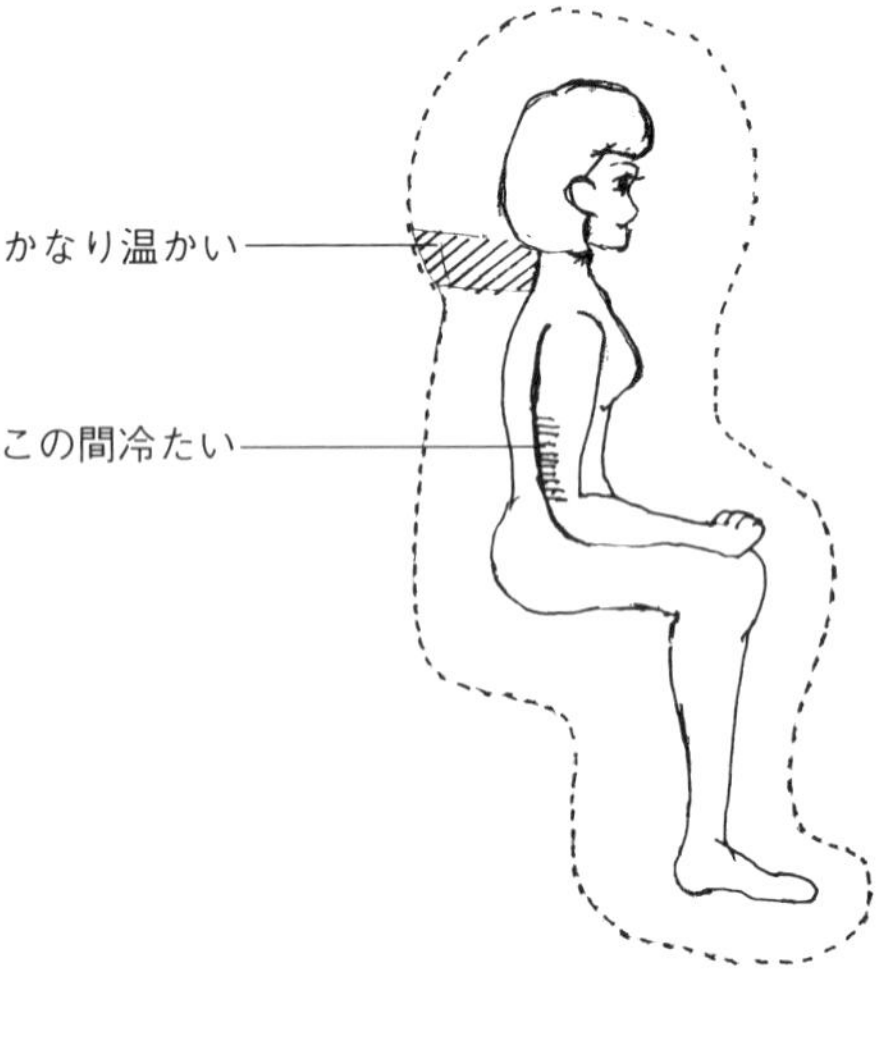

エネルギー場の記入用紙

※コピーしてお使いください。

被験者

実験時間　　　　　　気温

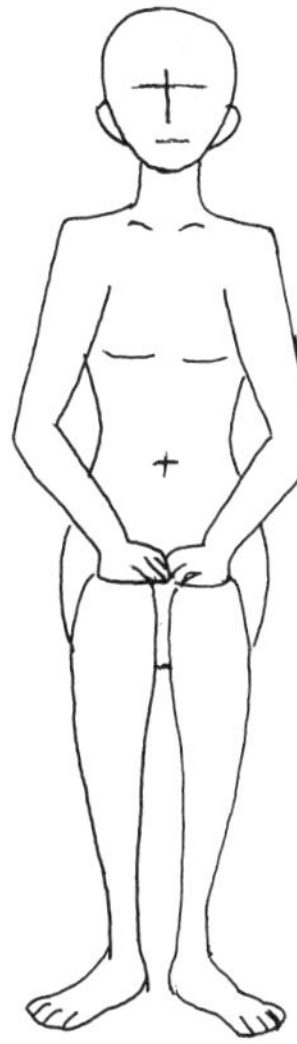

年　　月　　日

実験場所

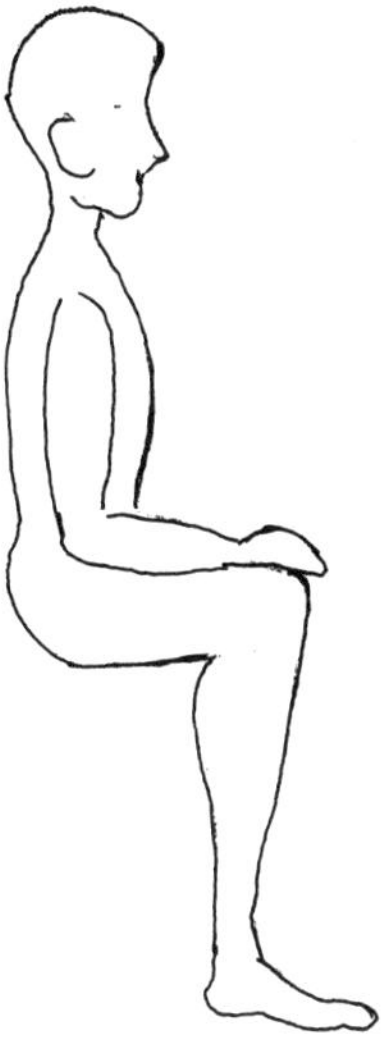

の放射で相手のエネルギー場が乱れ、変化しやすい。

③実験の前に手を洗ってよくかわかし、両手をこすりあわせるとよい。

日常の訓練も大切だ。**合掌スタイルで手を三〇センチ離し、徐々に近づけてゆき、手のひらの感じがどう変わるか、ひまなときに幾度も試すとよい。**この段階では手からエネルギーを、意識的に出す必要はない。無心に手の感覚に注意するのである（注意しつづけていると鋭敏になる）。

ところで、西洋では昔から「ロイヤル・タッチ」といって、国王が手のひらをかざすと病気が治ると信じられてきた。この風習は、いまでも天皇や国王、法王など高貴な人びとが人前にでるとき、手をかざす行為となってあらわれているのである。軍隊の敬礼（手のひらを顔の横に置き、手のひらをやや横にする）も、生体エネルギー的にみると、特別な性質のエネルギー交換を行っていると思われる。

手かざしや敬礼を、手のひらでなく逆でやると変な感じだ。やはり、人類史的にみて、手のひらはエネルギー交換を行うアンテナであり、放射装置なのである。

つまり手は――

手 ┬ 情報をうけとる――センサー作用
　 └ エネルギーを放出する――エミッティング（放出）作用

ふたつの作用を持つ世にもまれなエネルギー変換器《トランスジューサー》なのである。ロシアでは今世紀初頭、「ミトゲン線」という体表からの放射線が〝発見〟されて以来、この方向の研究がさかんである。近時では、前に記したイニューシンのバイオ・プラズマ仮説や、アレキサンダー・ドブロウ博士のいう細胞からの光子放射などが、代表的である。ドブロウによると、生物体の細胞は不可視な紫外線を放射しており、この線は何らかの情報を伝えているのだ、という。

ところで、ドブロウのような電磁波的研究ではなく、私はオーラ能力者を用いて、治療家たちの手のオーラが、どのような色であるかを研究した。その結果、つぎのようなことが判明したのである（詳細は私の著『サイ・テクノロジー』参照）。

①一般人の手のオーラは、青系がおおい。

②治療家（鍼灸師など）の手のオーラはふたつのタイプがある。

イ、緑色を放射する人びと

ロ、オレンジなど暖色系のオーラを放射する人びと

③しかし、治療家たちは、手からのエネルギー放射を濫用しすぎるのか、黒色オーラもおおく放っていた（第Ⅱ部3参照）。

黒色オーラ、何というイヤな色だろう。

この色は、私の協力者であるオーラ能力者のひとりであるS・Wによれば、病気の部位、放射

が欠けた部分であるという。実際、かれのオーラ図と被験者の健康調査を対照してみると、ほとんど一〇〇パーセントに近く、的中していたのである。

緑色は、第Ⅱ部3の表にあるように、治療の色、という意味を持っている。（ただし、くすんだ緑色は〝いじわる〟の意味である）と、すれば、われわれが医者や治療家に診てもらう場合、〝緑色の手〟を持った人物をさがせば、病気もよく治り、難病にも突破口がひらけるだろう。

数十年前、私が生まれてはじめて生命保険に入ったときのことである。

まるで処刑場につれてゆかれるような心境で保険会社のオバさんにひかれて医院についたとき、ギョッとした。建物が「陰の気」を放っているのだ。この種の建物は、商売でも医院でもはやっていないのである。はたして院内には、グレーのオーラがただよっていた。

先生はオレンジ色の頭部オーラが強く、かんしゃく持ちでいらついていることを示している。「お腹出して」「ハイ、ハイ」と言いながら何気なく先生の手を見て、再びギョギョッとした。オーラの色が灰色だったのだ……。

思わず緊張にひきつり、防備する私。遠慮なしにのびてきた灰色オーラの手がピタッとお腹にあたるや、私は、グェッと言いたかったが（いわなかった！）ぐっとこらえたのである。……冷たいのである、手が。あんなに上半身からバッバッとオレンジオーラをだしながら、その手は氷のようであった。

申しわけないが、このような手では病気は治らないのだ。でもいいか、薬をくれるもんね。

……しかし、緑色の手だって万能ではない。

つい先日、東京からやってきた鍼灸師のSさんは、緑色の手の持主である。小柄でさらっとした雰囲気のSさん、しかし、霊能者っぽい雰囲気もまじっている。その日のSさんは疲れているのか、全身オーラは弱く、虎の子の緑の手もションボリしている。かろうじて指先に緑色がこびりついているだけだ。次頁の図は、その夜のSさんの手のオーラ変化を、S・Wが描いたものである。

図に見られるように、

①自分で自分を治療した場合、結局、〝気〟をあちこちめぐらすだけなので、劇的変化はない

②治療家から〝生気〟を補ってもらうと（この場合は、鍼を用いて生気を補った。しかし刺していない、接触だけである）、劇的変化があらわれる

――ことが、わかるであろう。

緑の手を持った人は、さきに述べた手のセンサー作用とエミッティング作用が強いので、いいかえれば、自分の健康に注意しないとエネルギーを与えすぎたり、つまらぬ邪気を患者から受けて〝黒色オーラ〟が出現しやすいのである。

しかし、患者側からみると、さきの医者より、Sさんに診てもらったほうが即効的に元気になるので、なんとしても〝緑色の手〟を探すべきであろう。では、オーラが見えないあなたにこっそりと、そのような人の見わけ方を伝授しよう。

Sさんの手のオーラ変化

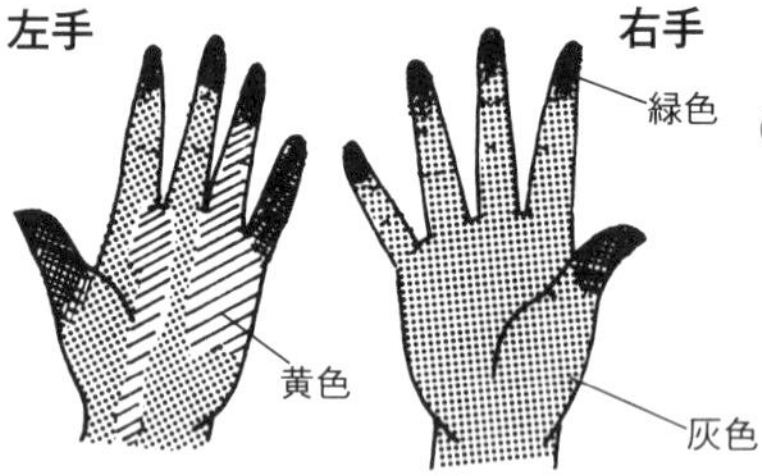

①研究所にやってきたときのSさんのオーラ。緑がすこし出現。治療能力を保持していることがわかる。

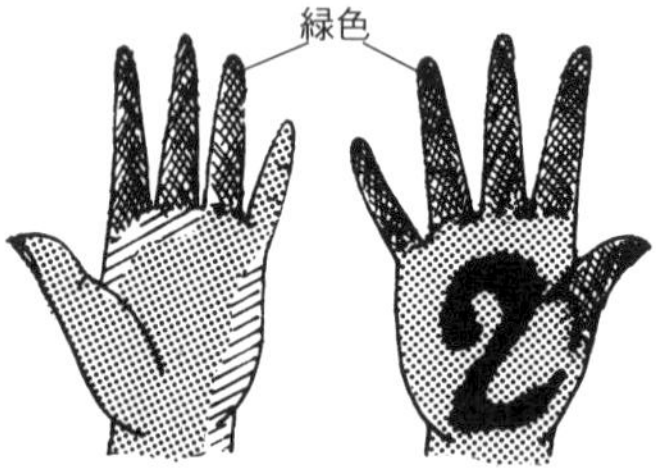

②Sさんと、強力な緑の手を持ったK・I氏が握手したあとの変化。

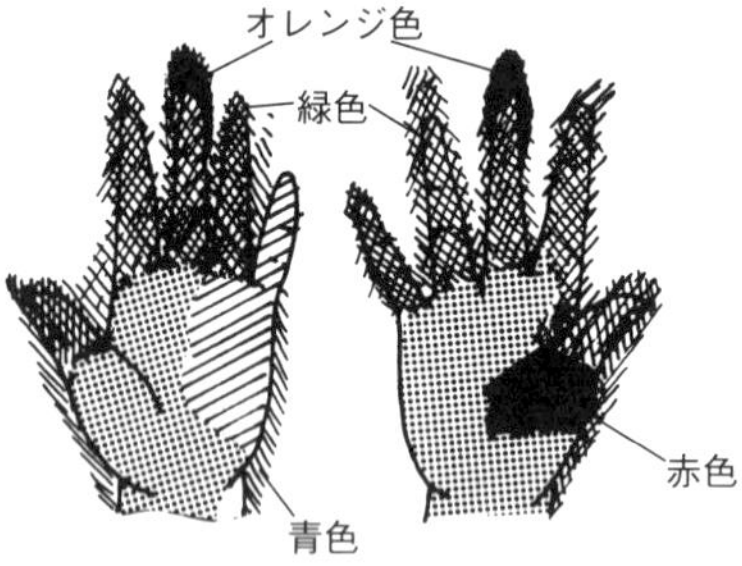

③じつは、Sさんは鍼灸師である。つづいて彼が自分で治療したあとの変化。

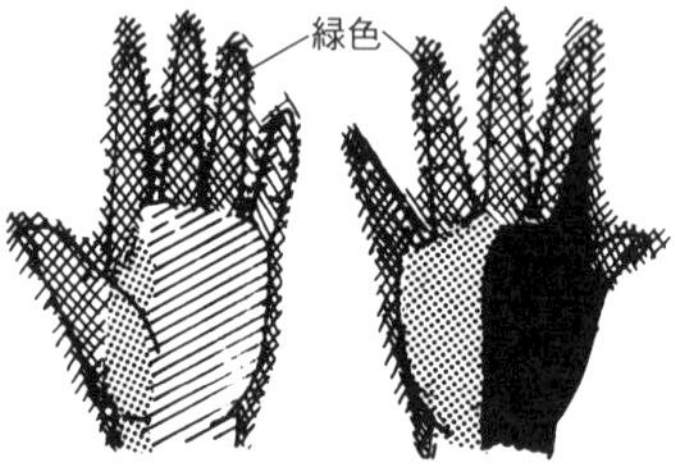

④ ③にみられるように緑色が強くなったが、乱れが激しい。そこでK・I氏が経絡調整をしたあとのオーラ変化。手のオーラが整いきれいな“緑色の手”が出現。

テクニック5　手から生気をだす

生気を身体全体、または身体の一部から放出する方法はいくつもあります。ここでは手から放出し、相手に生気を与えることによって元気にし、病気治しにプラスする方法を述べることにしましょう。

【基本テクニック】

テクニック④では、エネルギー物を感じるために、手のひらの感じのトレーニングを行いました。こんどは、感じる手から、生気を放出している感じをつかまねばなりません。

その最もよいトレーニング法は、やはり合掌法です。

①まず両手をあわせて身体の前方（お腹のあたり）にのばします。

②つぎに、ゆっくり呼吸しながら、吸気のときにゆったりとお腹をふくらませます。

このとき、気が胸からお腹へと入ってゆくさまを想像します（または実際に感じる人もあります）。吸い終わったら、お腹にたまった気が上体に昇り、頭のうしろ、首のつけ根の大きな骨（頸椎第七番）のすこし前にたまっていると想像します。

③息をはきながら、②の首の下にたまったエネルギーが〝ドドドッ〟と右と左、二手に分かれ

て手のひらに向かって流れ、手のひらに一秒くらいで達し、左右の気が〝ぶつかる〟ように想像します。

④ジィーンとした感じが手のひらから指先に走れば、成功です。①〜③をくりかえしていますと、手のひらに気が集まってきたことが感じられます。早い遅いがありますが五分もすれば、〝手のひらいっぱい〟の気を感じますから、そこでやめます。

ここまでが、気の集めかたです。

これから気を放出する方法を述べます。

⑤さて、相手の

イ　痛むところ

ロ　病気のところ

ハ　テクニック④でエネルギー不足だとわかったところ

——などへ、気をチャージした手を近づけ、はく息とともに〝気を押しだします〟。重いジィーンとした感じがするでしょう。

ところで、トレーニングはめんどうだが、手からエネルギーをだしてみたいあなた、ご安心ください。チャンと方法があります。

⑥両手をあわせ、シュシュシュと勢いよくこすりあわせ、

⑦目的のところに手をあてる。

えっ、これだけって⁉　はい、そうです。けっこう効果ありますよ。

⑧いずれにせよ、手を使ったあとには、五〇回くらいよく振って、水でよく洗ってください。

どなたも⑧のプロセスを忘れないよう、はぶかないようご注意ください。

【自己治療法】

医者にかかっているとき、治りがわるいときは、①〜⑤、または⑥⑦を実行してください。治りがはやまり、治らぬものが治る場合があります。私は西洋医学をいっこうに敵視していませんので、いつも併用しています。

この場合のコツをひとつふたつ。

A　眼病、つかれ目かすみ目には床のなかで⑥⑦を実行してください。目のまわりの骨を軽くおさえて、痛むところをゆっくりと指圧してください（眼球にふれぬこと、強くおさないこと）。

B　内臓病には、目的の臓器の上に手を置き、上下にかるくなぜるとよいです（これも眠る前、床のなかで行う）。

ここに書いた方法に××導引法、秘伝〇×法と書くのは簡単ですが、それをしていないからといって、本書のテクニック群をバカにしないでください。気抜き、オーラ抜き、生気抜きではいくら秘法ぶっても、ダメはダメ、はっきりしております。だから、できれば日常のなかでトレーニングしてください！　また、本書のテクニックは宗教とはナンの関係もありません。

テクニック6 緑の手を持った人を見つける法

あなたがもし、オーラ視ができる方なら、それを使ってください。その場合、注意して見てください。

①全身が緑色の人、またはそれに近い人
②肩から手が緑色の人
③手首から先が緑色の人

――の三種があります。②の人がベストです。①の人には、必ずしも治療能力が強くない人もいますから注意を要します。というのは、緑でも、暗い緑の人、汚れた緑の人はよくありません。ジェラシー、ねたみの強い人です。治療家や医師で、こんな人がありましたら、さっさと逃げ帰るのが無難です。

さきほど述べた鍼灸師のSさんは③のタイプです。エメラルド・グリーンや黄緑、明るい色の手首を持った人を探しましょう。

私の研究によりますと、良くも悪くも緑の手を持った人びとは、一般人一〇〇人中五、六名、治療家は一〇人中三名ぐらいでした。ただし、良い手ばかりではありません。でも、治療家に不思議と緑の人がおおいのは、職業上の適性をかれらが無意識に自覚していたからでしょう。

さて、オーラが見えないあなた、オーラが見えても不完全で判断に困る人のために、緑色の手を持った人びとの特徴をあげておきましょう。これだけで十分、判断できますから安心してください。

①やせぎみ（すくなくとも肥えていない）。
②神経質だが（あるいはそう見えるが）優しい。
③顔色は白っぽいかすこし黄色いが、すくなくとも赤ら顔、どす黒い顔、青い顔ではない。
④手が温かい。やわらかく肉厚ならもっともよい。
⑤植物を育てるのが上手で、小動物がよくなつく。

このような人は緑色の手を持っていることがおおいです。ところで、あなたはあてはまりますか？

【緑色の手になりたい人へ】

植物や小動物にやさしくしてあげましょう。緑は自然の色です。自然を愛し、自然とこころが通うようにしましょう。

そうすれば、あなたの手は知らぬ間に、ミドリになることでしょう。

安心してください。オーラの色は宿命ではありません。身体とこころを反映してオーラは、さまざまに発光パターンを変えながら人知れず空中に、美しい光を放っているのですから……。

3　オーラの人間関係学

◉オーラ放射から見た人間の二つのタイプ

あなたの好きな人は〝誰〟ですか。

また、きらいな人は〝誰〟ですか。

なぜ好きで、なぜきらいか、考えたことがあるだろうか？

いま、考えてみてほしいのだ。

たいていは、その人の自分に対する〝行為〟の記憶によって決めていないだろうか。困ったときに助けてくれたから（逆に、見放されたから）、いつも親切にしてくれるから（逆に、いじわる、または親切ではないから）――、というふうに。

人間は見ているようで、自分のことも他人のことも〝しっかり〟とは見ていないのである。また生気が弱くなってゆく現代では、しっかりとした理性的判断ができにくくなり、「反応型」の人間に近づいてゆくようだ。

ここで人間をふたつのタイプにわけてみよう。

(1)**自発型人間**＝自分で考え、自分のことは自分でやってゆく。理性的なので、自分が〝ナニ様〟かをいつも考えている。

このタイプの人間は、生気が十分あるので、父母から受けついだ先天の気もしっかりしており、心理作用の種火である〝神気〟をうまく使って理性的に動くのである。七情コントロール型。

(2)**反応型人間**＝ナニかと腹をたてやすく、外界からの刺激（身内、他人のことば、社会的圧力など）に即反応し、感情をあらわにするか逆におしこめて、うつうつとする。

このタイプの人間は、生気が弱っているので正しい心理作用が営めない。神気はわずかしか使われない。七情乱れ型。

七情とは人間の心理作用の基本的な要素で、喜ぶ、怒る、憂う、考えこむ、悲しむ、恐れる、驚く――という東洋医学の分類である。

分類の最後に「七情コントロール型」と「七情乱れ型」というわけ方を、併せて記した。それは、東洋医学による理論を利用して、人間の類型を二種に分類したのであるが、実際には、完全な(1)型の人はイナイのである。なぜかというと、七情のゆらぎや乱れがあってはじめて、人間は〝生きている〟と、理論が教えているからである。

七情が働いていない人は死人である。

七情を完全に制御できるのは聖人聖者のみである。

と、理論はいうので、ここにあげた「自発型人間」は、七情をかなりうまくコントロールして個性を発揮している人である、ということになる。「反応型人間」は、いつも七情にふりまわされ、怒ったり泣いたり考えこんだりして、こころが定まらない人びとである。

さて、このふたつのタイプの人のオーラはどうなっているだろうか?

「自発型人間」＝エーテル・オーラと生気オーラは、先天的な体力と現在の健康状態を示すので人によってちがうが、かれのパーソナル・オーラと境界オーラはおおむね上下、左右対称の強さを示している。色彩は、理性的な人は青系、感情的な人はオレンジ系がおおく、にごりのない美しい色である。

「反応型人間」＝エーテル・オーラと生気オーラはさきとおなじ。パーソナル・オーラにさまざまなヴァリエーションがある。赤系の人→怒りっぽい。くすんだブルーと灰色の人→こころ楽しまず、うつうつとしている。つまり、赤型と青型にまずわけられるのだ。

もっとも大きな特徴は、このオーラが〝頭部〟に集中していることである。なかには頭部にしかはっきりとしたオーラが認められない人すらいるのだ。

ところで、あなたの好きな人——は、たぶん「自発型人間」のオーラ放射を行っている人びとで、きらいな人のおおくは（全員ではない）「反応型人間」のオーラ放射を行っている人なのだ。

あなたは、どちらに属するだろうか?

もし万が一、(2)型であるならば、七情の気をむやみやたらと浪費せずに、怒りっぽい人は怒りっぽいままに、ネクラの人はネクラのままに、その程度がゆるくなるように努力してほしいものだ。でないとキラわれる。でも、どうやって？　という問いが聞こえそうなので書きとめておこう。

怒りっぽい＝とりあえずの方法は（対人関係で「怒気」を発散させず、スポーツなどで生気を消費し、身体全体の気のレヴェルをさげること。怒気もそれにつれて弱くなる。根本的には、怒りの情の原因を改めるしかない。つまり、職業、そのほかの環境を変えるのだ。なお、このタイプの人は肝臓を痛めやすいので、変に疲れた、小さなブツブツが首や胸にできた、などの症状がでれば診断をうけること。

ネクラである＝物ごとを悲観的に考えすぎるあなたは、全身の気をめぐらすこと。体力に応じて太極拳、テニス、野球などから選ぶこと。また、この人は〝生気〟が不足していることがおおいので、それを補うのがよい。たとえば、一時的な肉食、冷え症の人がおおいので、いためたり煮た野菜（サラダは身体を冷やすのでよくない）、腸を温めるイモ類などを摂ることだ。また、この人は自分の世界に入りこみすぎて〝感動〟しない傾向がある。自然の光景とこころを通わすこと。音楽によって〝音の気〟〝音霊〟をとり入れるとよい。

◉〝見えない〟暗闘

オーラ能力がそなわっていると、人間関係の驚くべき現実が〝見える〟のである。

しかし、オーラの見えない人に、それはしかとはわからない世界なのだ。が、見えない人も、感じる〝ことはできる。ここではその両方の感覚からみた人間関係の別な次元を点検しよう。
たとえばここに反応型人間（㊎）と自発型人間（㊐）のふたりが、向かいあっているとしよう。

【オーラ視による光景】

㊎人間はギザギザの赤いパーソナル・オーラにとりまかれ、それは頭部にかたよりぎみである。かれがひとこと言うたびに、口から、赤やオレンジのオーラがとびだし、㊐人間に向けてあびせかけられる。一方、㊐は防戦一方で、境界オーラがゆらゆらとゆらめいて㊎をつつみこもうとする。あっ！　㊎の赤オーラが㊐の青いパーソナル・オーラを切りました。でも、㊐のオーラのさけ目はすぐつながり、またも㊎に向かってゆらゆらとかぶさってゆきます。……ゆき場を失った赤オーラが室内をすこしずつ染めてゆき、すこし離れたところにいる人びとの気持ちがゆらぎだした。ある人はいらいらしはじめ、ある人は不安になってきました。

冗談ではない、オーラ視ではこう見えるのだ。しかし、オーラ視はASC態勢でないと見えないので、もし㊐がオーラ能力を持っていたとしても、かれはオーラを見ながら話しているわけではない。なぜかというと、二者が談合する場合、その一方がASCに入ることはない。OSCでないと論理的な話の進行が不可能なのだ。この意味でオーラ能力者はその能力が彼をじゃましないよう、日常的に〝守られている〟といえよう。まったく、この光景をオーラ視しながら他人の相手をするのは苦しい！

【ごく普通人が見た光景】

さて、レポーターが普通人に変わる。

そこには、赤ら顔の課長と部下がいる。ふたりは、今回の社運をかけたプロジェクトについて話し合っている。そのうち課長が部下の不手際をナジり、怒りだした。部下は反抗的ではないが、ときどき、ポツリポツリと自分の立場を説明しているのである。

ナーンダ、と言わずに読んでいただきたい。実際、この状況にオーラ視を用いると前に記したように見えるのだ。日常のオーラ視をつむいで人生をとらえると、この世は、ひとつの個性ある気配を持った人間（つまり一個のエネルギーのかたまり）が、あるときは外部から襲いくる攻撃的生体エネルギーをかわし、はねつけ、ときにはとどめをさされ（ノイローゼや病気となってあらわれる）、ヨロヨロと、イキイキと、また堂々と、歩んでゆく「エネルギーの旅」なのである。このことは、オーラ視が未来科学において機械におきかわったとき、完全に白日のもとにさらされるであろう。

現行技術を用いても、たとえば生体の電界場や静電場の測定法を用いて、ある程度まで、このエネルギー場の増大と減少が検出されているのである。この方向がつきつまったとき、人間関係学は一変するだろう（ソ連のセルゲイエフ、アメリカにおけるＳＱＵＩＤ・微小磁場の検出など）。ここで注意しなければならないのは、第Ⅱ部で述べたように、現行技術による電磁波の測定は、生体エネルギーそのものの検出ではないということである。しかし、生体エネルギー（場）の変動の二次反応として、微小な電磁波（場）の変動が観測されるかもしれない。

人間にはオーラ視と五官感覚との間に〈気配感知機能〉が隠されていると、際々記してきた。〝感じる〟の次元である。この次元からおなじ光景を調べると、どうなるか。

【(自)の感じる次元からのレポート】

課長は怒っているな。殺気だ。さっきまでの顔はどこへやら、怒って顔が紅潮してくると、波のような殺気が前からうしろからやってくる。とくにうしろからくると、頭がクラッとする。あっ、部屋のなかの空気がピリピリしてきた。あっちに坐っているA君はソワソワ、Ｂ君はイライラしだしたぞ。水をささなくては。でないと課長は昇ってしまう。まきこまれないよう冷静になろう。腹に力を入れて思いきって言おう……。

感じる次元からのレポートによれば、オーラ視のエネルギー場の変化が〝殺気〟という、〝気〟をふくんだことばや、ピリピリ、イライラという〝擬態語〟にふくまれていることがわかるだろう。このような物理的現象にふくまれている（現代科学では割りきれない）非物理的現象を私は、〝感じる次元〟と形容した。そしてこの非物理的現象をうまく表現する概念が〝気〟、表現が〝ことわざ〟や〝擬音形容詞〟として考えだされ、発達してきたと思うのだ。まさに人類の知恵である。

〝感じるの次元〟においては、肉眼では見えない生体エネルギー現象が、コトバに置きかえられているのだ。

課長と部下氏の〝見えない〟暗闘は、なんとか収拾されたようだ。

でも、おさまったからよかったのである。

もし、課長殿の攻撃的「赤色オーラ」が部下氏の「こころ」を打ちのめしていたなら、かれは自分の生体エネルギー場を一時的に狂わされ、ノイローゼからうつ状態への道を歩んだことであろう。

この場合、さき（第Ⅲ部1）に記したように「赤色オーラ」は部下氏の生存を傷つけたのであるから、部下氏に対して〈邪気〉となって働いたのである。つまり、課長氏が持続的、継続的にこの赤色オーラを第三者に向かって射出するという習性を持ってしまえば、かれは第三者を傷つけるという意味で、

――邪気的人間というほかないのである。つまり、㊙である！

◉ホンモノの邪気人間

あなたは、課長殿を「悪いやつ」、部下氏を「かわいそうなやつ」――と思うだろうか？

しかし、その思いは皮相的である。

人間は立場立場で自分のエネルギー体を微妙に調整し、新しい環境に適応させてゆく動物なのであるから、すべてはいまの姿、あすの姿にすぎないのだ。

適応とは、その環境にふさわしいエネルギー体を（自分の個性の鋳型の調整範囲で）まとうことなのである。この適応の上手な人間を「器用人間」、下手な人間を「不器用人間」と呼ぶことがある。よくこの漢字を見てほしい。「器」とは①環境、②エネルギー体のひとつひとつの鋳型、という意味があるのではないだろうか。

つまり、器用とは、与えられた環境に、その環境でうまくやってゆくエネルギー体の鋳型に、自分をあてはめることができる、という意味なのである。

こうした意味で、つぎに述べる「ホンモノの邪気人間」とて、自分には関係ナイ、とはいいきれないのである。いつ自分がそういう鋳型を生きなければならなくなるかわからない。そのつもりで記すので、そのつもりで読んでいただきたい。

この章の冒頭で、私は「好きな人」と「きらいな人」について読者に問いかけた。

ここで真打ちの真実を明そうか。人間には、もうひとつ、気や生体エネルギーから見た類型があるのだ。

そのことを記す前に、再びあなたに問いかける。「あなたの好きな芸能スターは誰ですか。」

テレビなどで、この問いをひんぱんに見かける。ナゼだろうか？

答をけちっていてもしかたがない……芸能スターのひとりひとりは、人間のタイプを代表する人物なのである。だからスターというのだ。
ここで新しい分類が登場する。

(1)**瀉的人間**＝アイドルのほとんど（八〇パーセントくらい）はこのタイプである。ファン層を考えていただきたい。アイドルのファンはローティーン主体である。この少年少女たちは、若さのゆえに生気みちみち、息苦しいほどである。そこで、その余剰な気をとりさって気分をスッキリさせてくれる人物がいつも必要なのだ。けんかもする。車でとばす。――危険な状況で〝気〟をとばしてふりはらっているのだ。そこで、余剰な気を〝とりさってくれる〟人間、シンボル、カリスマが求められる。そのような人物がアイドルなのである。ファンを(陽)とすると、アイドルは(陰)でなくてはならない。

アイドルたちの実像は、案外とネクラなのではないだろうか？　芸能レポーター氏、私の想像はあたっていますか？

(2)**補的人間**＝一方、スターには、気の不足を感じてる人びとに気を与えるタイプの人びとがいる。このスターが〝補的人間〟なのだ。気の不足を感じだしたオジさんが色気（陽の気）いっぱいの美人スターに熱をあげる、オバさんが美川憲一や松平健のような色気（陽の気）を吸いたがる――コレである。

実際、陽気のおおい人間は、陰気がおおい人にひかれ「好きな人だ」という。陰気のおおい人は陽気にひかれ、そのエネルギーを過剰に持っている人から陽エネルギーを吸いとろうとする。われわれ人間様はいつも自分の陰と陽のエネルギーを〝バランス〟させようと必死なのである。

このバランスがうまくとれたとき、こころスッキリ身体カルガルなのである。世のヨメは主人から陰の気をもらおうとするが、それがみたされぬとイライラする（専門的には純粋な陰ではなく、陰の陽気をほしがっているという）。この逆もある。みたされぬ世の殿方は風俗に走るのである。

だから――

好きな人＝自分に気をくれる人

きらいな人＝自分の気を奪う人

という図式がでてくるのだ。

もっとも、これは最も単純な図式で、気の相性とかがあるし、そもそも人間は立場によって求める気や気配が変わる、という事情もあるが、紙幅の関係でまたの機会としよう。

ところで、誰からもキラわれる気の毒な人がいる。

その代表的な人間は「陰気人間」(陰)である。

このタイプにも、陰気の度合いによっていろいろな程度があり、その程度に応じてキラわれるのである。陰気だといっても、一〇〇パーセント陰気人間は理論的にありえない。生命現象はとりもなおさず、陰陽がそろっていてはじめて発現し持続する。陰だけになったとき、それは永遠の沈黙

――死なのだ。

陰気人間の代表をひとつあげると、二浪ぐらいの予備校生、ということになろうか。引きこもっている若者もそうかもしれない。ここでは、最近は減っている予備校生についてみていこう。

かれはものごとを暗く考える（陰気）、気持ちがねじ曲がり恐れている（陰気）、そして何よりも若さの象徴、陽気いっぱいの青春をテストに落ちたために急激に〝陰気〟に塗りこめてしまったのだ（陽転じて陰となす、これはキツイ）。

陰気人間となったかれは、いたるところで陰気をふりまく。空間が暗くなり（陰の気配をつくる）、まわりの人も暗くなる（陰気をすべりこまされる）……。しかも気の毒なことに、陰気がある限度を超えてしまって〈邪気〉になっていることに気がつかないのだ。

私の研究室にやってくるかれらと会うたびに〝感じる次元〟に㊖のショックをうけるので、かれらを〝好きだ〟とはいえないが、こういった状況を生む社会的背景を考えると、かれらにおおいに同情するし、なんとかならないかとこころが痛むのである。しかし、希望はある。

テストに合格すれば、あるいはすくなくとも一応の結論がでれば（陰転じて陽となり）、再び青春をとりもどしてくれるのだ。負けるな予備校生諸君、と机をたたきたい！　キミたちは若い。若いってことはサイコーの好条件だ。だって、キミは好みのエネルギー場を将来、まとうことができるんだ。

私は研究所にやってくる予備校生にいつも、こう言っている。

――好きな音楽を聞くこと、それは陰気を中和するのだ。どの音楽がベストかは、自分の気配に問うこと。ともかく、音楽に耳を傾けることだ。つぎに、自分の学力に対して冷静になること。有名校だけが人生じゃないヨ。〝入れる〟学校がどこかを冷静に見きわめて……、そこから新しいスタートをきればよい。さあがんばって！

……しかし、私のように予備校生や陰気邪気人間ととりくめる人間は別として、そんなヒマないヨって人は、あなたのエネルギー体を守るために邪気人間から逃げるしかない……。

そして何よりも、自分が邪気人間（陰）にならぬよう注意注意。キラワレますゾ、エゴイストは。

テクニック7　邪気をかわす

ある日、私のコミュニティ・カレッジの受講生のひとりが、泣くように訴えました。

「恐いんですよね、病院が。お見舞いっていうとゾッとするんですよ。先日もある病院に見舞いにいって廊下やら、病人からヘンなもの受けちゃって、もうボロボロ。あと、身体がダルくてダルくてねこんでしまったんですの。先生、どうやって、あのへんなエネルギーを防いだらいいのかしら……（暗い顔）。」

世の中には邪気受け人間がいるものです。

この種の人は、他人の家を訪問したり、とくにお見舞いにゆくと、その病人やまわりにただよっている邪気を受けるのです。読者に、そのような体験はないでしょうか？

この邪気の正体は、いまのところよくわかっていませんが、私の考えでは、人がある困難な状況にあるとき、その人の周囲に「陰」あるいは「虚」の空間が発生し、そこに近づく敏感人間（邪気受け人間は外界の気配に敏感なのです）はショックをうけるようです。

こんな場合、つぎのテクニックを応用しましょう。

- 人体の右手はエネルギーを出す側
- 人体の左手はエネルギーが侵入する側

とされており、（主としてキルリアン写真法を用いた）私の研究では一〇〇パーセントとはゆきませんが、かなり確実です。そこで、そのような場所にゆく場合（結界された地点である）、**門や部屋の入口で左手をにぎるのです。**開く、にぎる、という手のふたつの動作はどうやらエネルギーの出入りに関係しているようです。

にぎることによって、たとえ虚的な空間に入っても、あなたの身体の〝気〟の気圧は最低限、一定の基準に守られることでしょう。

あと、**必ずウガイと手の水洗をしてください。**このふたつは邪気を洗い流すはたらきをもっているのです。

ところで、遠藤周作先生は私と会ったとき、「ボクと出会った人は良くなるんだ」と冗談めかして語っておられました。同じなるなら㊊より、そういわれる人間になりたいものですね。

テクニック8　三分間でオーラを強くする

オーラ能力者にオーラ変化を見守ってもらいながら、簡単な体操をするだけでオーラが強くなる方法を工夫してみました。

つぎに述べる運動は、その結果、編みだされた実に有効な体操です。たった三分間、しかも椅子に坐ったままでできますので、今日から応用してください。

受験生の気分転換によいですし、この方法を三分やりますと、眼がハッキリしてきますので、コンピュータ関係の人びとにも最適です。

①まず頭の力を抜いて両手のひらを下にし、両手を肩の高さで平行に前につきだします

②息を吐きながら手のひらをゆっくりと力を入れて下方に曲げ、気を肩から手→手のひらへ流すよう強く想像します。(二回)

③同じ姿勢で、手のひらを上向け〝おいでおいで〟の逆、つまり手のひらを肩のほうに曲げ、

②と同じように気を送ります。(二回)

④すこし息をととのえ、手首を外向けにねじり(④-1)、つづいて内向けにねじります。(④-2)

①の姿勢に戻り、手の指をタコの足のようにくねくねと動かします(④-3)。気は意識しないでよいです。手がだるくなったら下におろし、すこし休みます。肩と腕の力を抜いてください。

３分間生気吸収体操（手首）

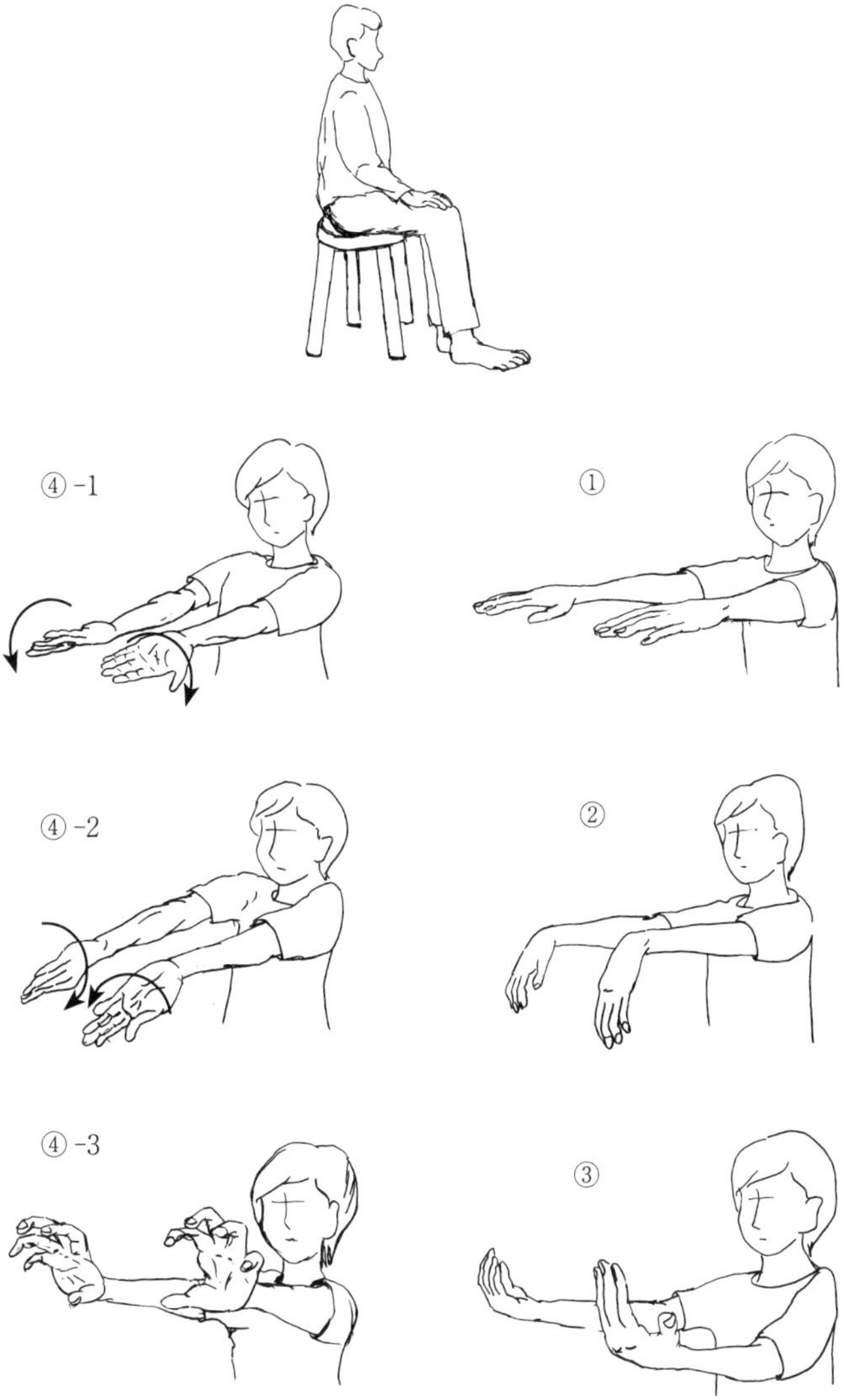

こんどは足首の運動です。

①椅子に坐ってリラックスしてください。

②両足を床よりすこし持ちあげ、足の指をつむるようにしながら、膝から下を「スベリ台」のようにまっすぐにします（五秒くらい）。

③その姿勢で（足底を床につけないよう）つっぱったまま、息を吐きながら、ゆっくり足首を左右に振ります（三～四回）。曲がりにくい方の足は弱っているので、念入りにやりましょう。

④いったん足の力をゆるめ、まっすぐ伸ばしたあと（④-1）、指先を身体のほうにそらせ（④-2）、足首を膝のほうに曲げます。ふくらはぎ、足首を緊張させながらじっとがまんしてください（五秒）。そのままの姿勢で足首をゆっくりと左右に振ります（④-3）（三～四回）。

⑤足を床につけ、脱力します。

たった、これだけです。

しかし、詳しいことははぶきますが、人体にある一二本の気が流れるルート（経絡といいます）全部に、適当な刺激がゆきますので、とどこおっていた気が流れるようになり生気がわいてくるのです。

運動後のあなたのオーラはきっと、ベストの状態になっていることでしょう。くれぐれも申し

3分間生気吸収体操（足首）

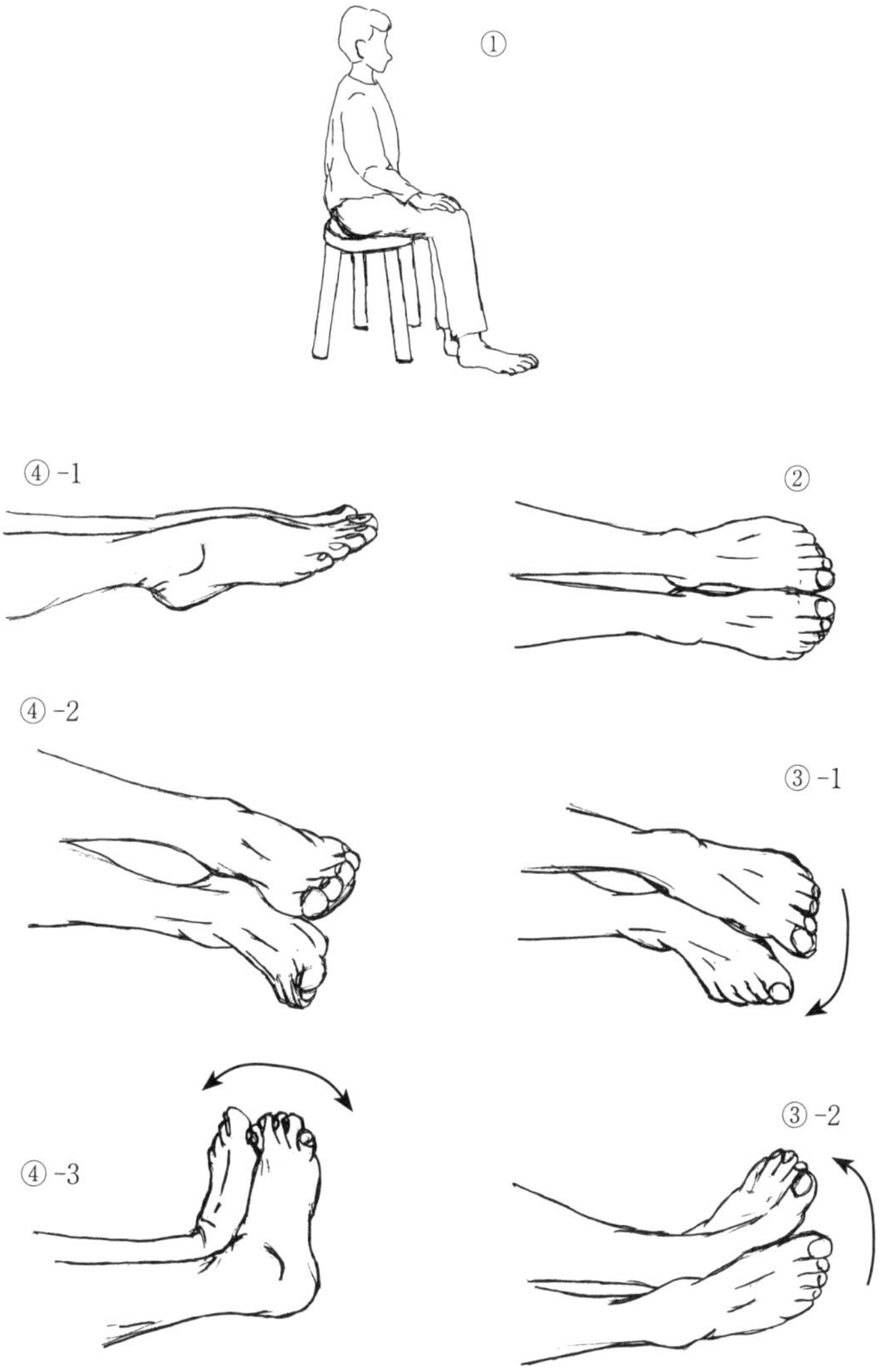

あげますが、あらゆる運動、体操はやりすぎないよう注意してください。速歩が最もよい健康法です。オーラ能力者の〈オーラ眼〉には、スポーツのやりすぎで、かえってオーラが悪くなった人びとがはっきり見え、しかもおおいのです。

何ごとも、ものごとはホドホドがよいのです。

4　この食品から生気をとれ――生気食品で健康体をつくる

◉キルリアン・オーラと食品

×月×日、夜六時半、ぼつぼつと実験スタッフが集まってくる――、七時、夕闇が地上をすっぽりとおおい、家々に夕げの灯と料理のよい匂いがただよいだした。

そして、われわれの実験もスタートだ。

強いライトが点灯され、キルリアン装置の点検をしながら私は考えた。

現代の栄養は成分主義だ。栄養とは、物質である身体を維持させる食品という物質だ、と栄養学はいう。タンパク質に脂肪、それに炭水化物、この三大栄養素のことをぼくらは小学校から教えこまれている。

でも、それだけだろうか。

ミカンのオーラ

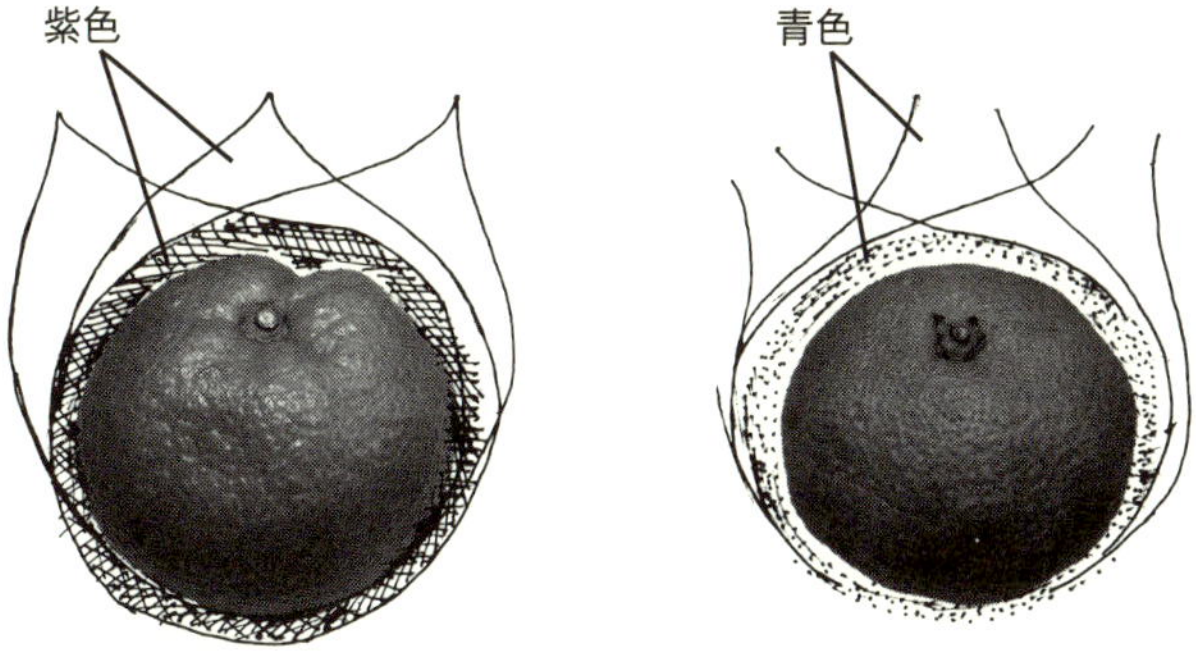

新しいミカン。かっちりとした発光状態が見られる

古いミカン。オーラに新鮮さがなくなり、うすら汚れてくる

われわれの身体は〝生きているのだ〟。〝生きている〟ものだけが食品に供される。生命が生命を生かすのだ。いいかえれば、生気をとり入れて、われわれは生きているのではないだろうか？　石が石を食うのではない。生気という共通項が、この世の生物を互いに生かしているのではないか。もちろん、現代栄養学はそれでよい。しかし、われわれが食品を食べるということは――

- 栄養素としての炭水化物、脂肪、タンパク質
- 食品自体の〝生気〟

このふたつを、口に入れているのではないだろうか。だから、「精をつける食品」「元気をつける食品」「イキイキした魚」、などといった言葉が日常のなかで使われ、生きているのではないか？　われわれはこころのなかで、食品学を尊びながらも、もうひとつの食品の次元、つまり生気食品学の存在を嗅ぎつけているように思える。

現代栄養学がすべてではないのだ。だから、巷間、現

代栄養学に反する「食養」とか「正食」とかいった考え方が生まれ、おおくの人びとに受けいれられ、実践されているにちがいない。第Ⅱ部5で〝気を感じる練習〟をミカンを用いて行ったが、熱心に練習した読者はミカンの〈エネルギー体〉とその放射を実際に、感じられたことだろう。そのとき私は〝新鮮で重い〟ミカンを用いるようにアドバイスしたけれども、もうひとつ、古いしなびたミカンを用意し、新鮮なミカンと並べておき、再び実験してほしい。新鮮なミカンを見ていると――

オーラ視ができるあなたは＝ミカンの皮から濃い青〜ムラサキのこまかく激しい放射を見るだろう。

生気が感じられるあなたは＝ミカンの表面と空気の境目あたりに、イキイキとした雰囲気が感じられ、いっそう美しく見えるだろう。

それにひきかえ、古いミカンは放射も弱く、どんよりとした雰囲気を発散させている。

現代栄養学が〝生気〟に注目しないのは、それが〝オーラ視〟しないと見えないことと、気配感知しないと、その差が激しく感じられないためなのであろう。

さきに対象物をあらゆる角度から見、感じるという動作を日常的に行っている画家たちが、オーラ視をしていると思われる事例をあげたが、食品にも同じことがいえる。食品のプロというと調理師の人びとである。かれらは日常的に料理材料を扱っているので、食品には「目が利《き》く」はずだ。おおくの調理師のなかには、食品のオーラが見えたり、生気を感じたりする方々がきっとおられるハズだ。読者で、思いあたる体験の持主は、どうか私に教えてください。

さて、このような研究方針のもとに私は、食品の「生気」をなんとか機械的にキャッチできないものか、と研究をつづけてきたのだ。

いくつかの方法のひとつ、それがキルリアン写真法を使って、高電圧高周波の放電パターンに〝生気〟を間接的に検出する、という研究方向だった。

そして、私たちがキルリアン・オーラ（それはオーラとはちがうが、オーラに表現されているエネルギーが混入しているだろう）の世界に見た、食品の新世界がどのようなものであったか、つぎに明かそう。

◉人工栽培により生気が弱まってゆく！

私たちが実験に用いた食品は、サシミ、魚練製品、野菜などであるが、最初に、これらの食品に共通するキルリアン・オーラについて述べよう。

①新鮮な食品＝ととのったこまかい線状《スパイク》の放射が見られた。放射の形は食品によってすこしちがっている。

②原型が残り、みるからに古くなった食品＝こまかい線状放射が太くなるものと、明らかに放射が弱くなる場合とがあった。

③原型がくずれるまで腐敗が進行したもの＝ほとんどの場合、放射が最強になった。少例のみ、

放射が最少となる。

④日持ちのする食品（魚練製品、いも類）＝最長一か月後のキルリアン・オーラを観察したが、オーラに野菜ほどの大きな変化は見られなかった。しかし、全般に放射が弱くなった。

これらの結果から想像できるのは、食品によって生気がとびやすいものと、生気がとびにくいものがある、といえる。

たとえば、サシミや三つ葉、春菊などは生気が失われやすい。しかし、新鮮であればあるほど、生気も強いので、三つ葉や春菊は団地のベランダなどで、小さなトロ箱を置いて自家栽培されることを強くおすすめする。作り方は専門書を見ていただきたいが、買ってきた野菜の根を捨てずに土に埋めこんでやれば、放っておいても育つのである。

なぜ私が自家栽培をおすすめするかというと、ご存知の読者もおおいと思うが、最近、野菜がどんどん〝植物工場〟で製造されるようになってきたからである。科学的にみれば野菜は、水分とミネラル類、三大栄養素を含有するモノであるから、どんどん製造すればよい、ということになるだろう。加えて、クローン技術を代表とするバイオニクス（生物工学）の発達によって、従来考えられもしなかった方法により、野菜の「大量生産」が行われるようになったのだ。

たとえば、最近のカーネーションは〝色がうすく香りは弱いか、ない〟、とよくいわれる。それもそのはず、花屋で買うカーネーションはバイオニクスを用いた大量生産品で、もはや、種とか自然肥料に自然土、とかいった条件は生産にとって、一切不要なのだ。

また貝割大根の例にみられるように、野菜もまた、つぎつぎと植物工場で生産（栽培ではない！）されるようになってきたのである。ここ数年、急速に進行してきた状況は、最初――

露地栽培＝つまり、土地に種をまき（あるいは苗を植え）、最適、あるいは時節はずれの気候をカバーするために温室化、あるいは断熱して栽培した時代から、

植物工場＝つまり、露地ではなく砂礫培地《されきベッド》を用い、コンピュータによる気温制御、点滴などによる肥料水の灌水などを行う、

高能率の植物工場方式へと〝発達〟してきたのだ。この発達を、われわれは喜ぶべきか悲しむべきか……。すでにトマト、春菊、ホウレン草、レタス、サラダ菜などが多量に市場に出荷されているのが現状なのである。

無理からぬ事情もある。

たとえば、とくに日本においては、大気汚染をはじめ、長年にわたる農薬と人工肥料の使用などによって、地味がひどく衰えているのだ。でもこれとて、安易な当座逃れの農業行政（と経営）による当然の結果なのである。

しかし、本書で見てきたように、この世のありとあらゆる存在物は「物質」の面と「気」の部分から成るのであるから、気の部分を無視したやり方は必ずひずみを生むと考えられるのである。

本来、ありとあらゆる食品は自然界の「生命体」なのだ。この生命体をはぐくむのは自然な状況

が最適だといえる。農薬と粉末結晶肥料の濫用によって〝地味が衰えた〟というが、この地味とは、つまり「土地の気」「地の気」なのである。植物を育てるのは水と肥料と太陽だけではない。

水の気、肥料の気、太陽の気、それに地の気が必要なのだ。地の気とは肥料のことではない。地の気が自然の状況とちがう、砂礫栽培の生産物が〝水っぽく〟〝香りがない〟のも当然であろう。

事実、おじいちゃんやおばあちゃん、それに野菜問屋の主人などは一様に、〝水っぽい〟を連発している。

われわれの生命に直接かかわる食品問題、それは野菜ひとつをとりあげても、文明化の名のもとに片手落ちの科学技術がつぎつぎと自然から人工へ、というレールを敷きつつあるのだ。

生気を失ってゆく野菜と食品。

これでいいのだろうか？

色と形さえ同じならばいいじゃないか、という考えのもとに着々と進められてゆく農業革命、本当にかれらのいうとおりなのか？

色と形は同じでも生気を失っていっているのではないだろうか？　それを、われわれは水っぽいとか、香りが薄い――という感覚で感じているのではないか？　色や形は同じでも「気配」が変わっているのではないか？

この方向の、生気薄い食品を摂るわれわれや、子孫もまたいっそう生気を失ってゆくのではないだろうか……。

私たちの実験によると、野草のキルリアン・オーラは圧倒的に強力であった。やはり、自然条件で栽培されたほうが、虫は喰っていても、少々枯れていても、形はいびつであっても、キルリアン・オーラは強いのである。

この事実こそが——、キルリアン・オーラは生気のある部分を写し出している、といえないだろうか？

◉無農薬野菜の生気は強い

電極版に試料である野菜を置き、暗室にする。自動的に発光が始まる。暗闇に青白く浮き出るキルリアン・オーラ、発光がとまると点灯し、最初の工程にもどる——、この手順を何度くりかえしたことだろう。

終電車の時刻を気にしながら、実験はなおも進められてゆく……。

研究室には野菜の腐臭がただよい、足の踏み場もない惨状だ。この現場からつぎのようなことが明らかになった。

試料として、スタッフのひとり、京都の田舎に住むYが庭先で自家自然栽培している野菜を定期的に運んできた。肥料として人糞を使用しているというものすごい代物だ。

一方、スーパーから対照群として同種の野菜を買ってくる。

この二群のキルリアン写真を撮り、その発光を吟味した。

(1)自然栽培品はおおむね発光が強力であるが、そうともいえない野菜もあった（主としてイモ類、ナスビなど）。しかしスーパー品とくらべてはっきりちがう共通点があった。それは、発光のなかに、白色のブラシ・コロナが出現したことである。

(2)スーパー品の場合、コロナの大きさや密度に相当バラツキがあった。産地や生産方法、採取した日からの経過日数などの要素がからんでいるからであろう。とくに、見せかけの新鮮さや美しさを保つための水やりや低温保存をはかったものほど、発光はおそまつであった。生気というものが一部、水に溶けることが私の研究によって判明している。やはり、生気が抜けた品物がおおいといえよう。

(3)古くなるとどうなるか？　これも野菜によって、著しくちがうものと、あまり変わらないものがあった。

テクニック9　生気の強い食品選び

どの食品が安全で生気が強いかは、オーラ視、あるいは気配感知によって知るのがベストであるが、そのことはおいおいトレーニングしていただくことにして、ここではキルリアン・オーラが示す生気の強い食品をあげておきましょう。

まず、自然農法、スーパー品共通して（もちろん、自然農法のほうがよいが）おすすめできる「生気野菜」ベスト3をあげておきましょう。

第一位＝ピーマン
第二位＝ニンジン
第三位＝キャベツ

以上です。ただし、ニンジンについては、西洋品種の太いものより和ニンジンのほうが生気は強いです。こちらを選んでください。

それから、ホウレン草はいろいろいわれているほど、生気は強くありません。他の野菜のほうがベターなようです。でも、自然農法のホウレン草は、生気が抜けにくいようですから、これだとよいと思います。また、イモ類はどの製品もおおむね良好です（ただし、農薬問題は別です）。レタス、トマトなどについては水分があまりにおおいため、キルリアン法ではまだ、はっきりした結論はでていません。実験方法を工夫して研究をつづけます。

気の理論によりますと、気は「香り」におおく含まれているとされます（池田太喜雄先生のご教示による）。この点から考えますと、やはり自然農法のほうが有利です。

その他、肉類は、元気の弱っているときに即効的にパワーをつけますので、あまり菜食にかた

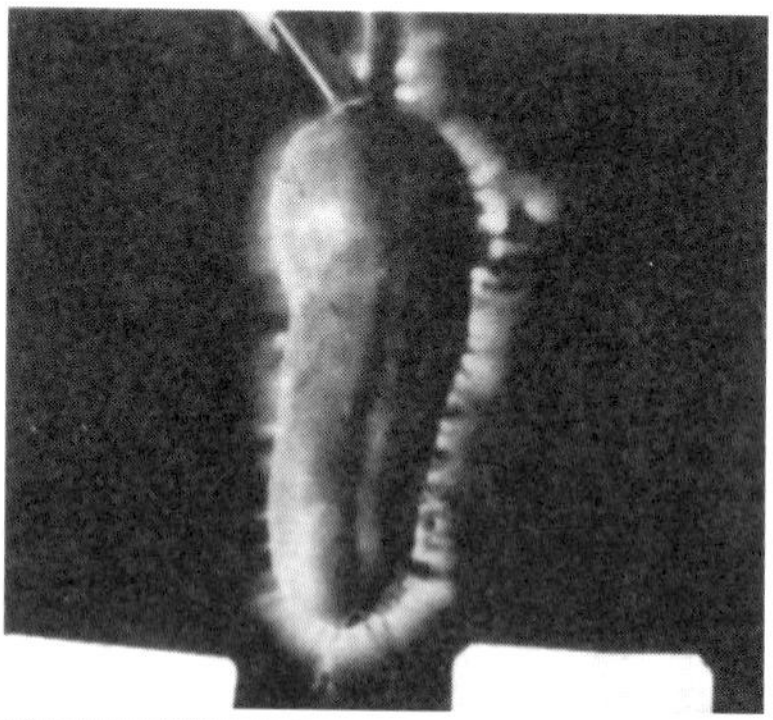

ピーマンのキルリアン・オーラ。三つの推薦野菜のひとつだけに強力な放射が見られる

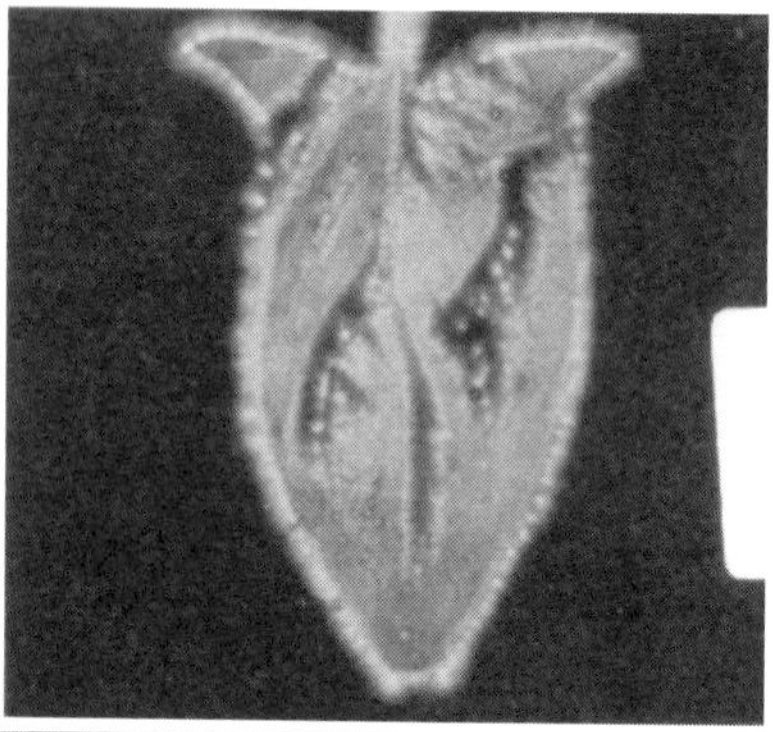

スーパーで買ったホウレン草のキルリアン・オーラ。べったりとしたにぶい面的発光が見られ、生気が乏しいことがわかるだろう

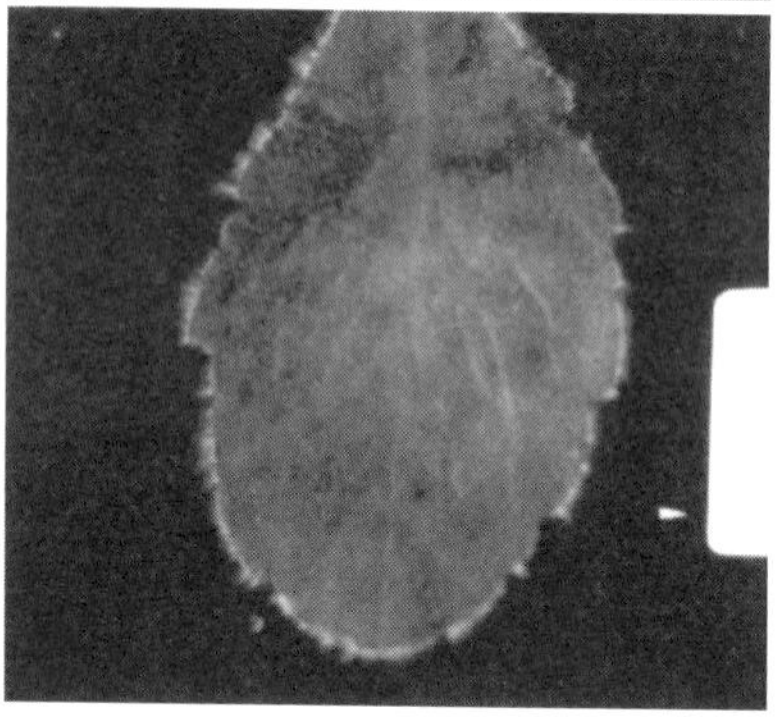

野菜のキルリアン・オーラ。いかにも新鮮なスパイク状の周辺発光と表面の細くてイキイキとした針状の生気発光が特徴だ

よるのも考えものです。ここ一番のときは肉を食べましょう。なぜかというと、野菜を「生気食品」としますと肉は「精気食品」だからです（第Ⅲ部1参照）。

でも、ものごと中庸が肝腎です。肉の摂りすぎは別な害がありますから注意してください。

レジャーや住居費に金をかけすぎ、食生活をケチるのは得策ではありません。生気がウスく、種々の薬品を含んだ食品は将来的にみるとエタイの知れないところがあります。自然食品は割高ですが、信用できるお店で買うのなら、結局、得になるのではないでしょうか？ それと外食は食材の素性がわからない場合がおおいので慎重に。また、錠剤の「健康食品」は、生気の面からみますと「食品」ではありません。錠剤、カプセル化までにほとんど生気はとびます。だから、それらは無害、あるいは多少の薬効のある食品のエキスとみたほうが無難です。

エキス化して多少の〝生気〟が残るのは、タンパク質だけのようです。でも、それとても「生《ナマ》」にはかないません。太陽光線で乾燥させた乾物は生気の面で有利ですが、赤外線などを用いた室内乾物は、外見上同じように見えてもかなり性質がちがいます（オーラが弱いのです）。

生気あふれた食品を摂っておれば病気にもなりにくく、「奇蹟の××草」とか「驚異の×××」などといったシロモノは不要なはずです。後先をまちがえず、まず、食事を正しく摂りましょう。

5　生気空間をつくりだす――生気あふれた住環境を創出するノウハウ

◉住居は身体の外衣だ

家ってナンだろうか。

――夜中に帰って寝るところサ。

なんて、それはそうなんだが、それだけではないのである。それどころか、住居のホントの意味を知れば知るほどわれわれは、家というものに対して、その外ヅラよりも内部をととのえねばらないことに、気づくのである。人間はふつうハダカでは生きてゆけない。

外気温の高い熱帯ならいざしらず、日本のように四季のめぐりがはっきりしていて、熱風から空っ風、雨から雪まで体験する国では、衣服を着けずに生きてはいけない。おまけに文明漬けになってしまっているので、皮膚の弱いこと弱いこと。

ちょっと風にあたると風邪をひく人、いませんか？　年中カゼ気味だという人、いませんか？

第Ⅲ部1でみたように、外界にあるものすべてが、すこしゆきすぎると身体に対しては、邪気としてはたらくのである。また、邪気があまりにおおいと身体は回復機能を失いはじめ、超過敏になり、新たな邪気にスグ、やられるようになるのだ。

そんな人は一〇月末になると、早、あれこれ下着をつけ、着ぶくれをしはじめる。衣服は身体を守る必需品なのである。

実は、家もそうなのだ。

そんなことわかっているヨ、といわれそうだが、ホントにわかっているの？

夏は冷房、冬は暖房、このようにして室内環境をととのえることがわかっているだけなら、わかっていることにはならない。その証拠に、冷房に苦しみ、暖房のおかげで風邪をひきやすくなった人びとがゴマンといる。

何か考えちがいをし、何かが不足しているのだ。だからボクらは、冷房に泣き暖房で気分が悪くなるのである。

前章までみてきたように、われわれの身体は肉体だけではない。エーテル体、生気体、コーザル体……などをまとう。エネルギー体を持っているのだ。そこで、われわれは衣服を考える場合にも、住居を考える場合にも、これらの〝見えない身体〟のことも考慮して用意しなければならない。

つまり、家は、われわれの身体の最も外側にある「衣服」であり、「外衣」なのである。それを考えずに、肉体にばかりあわせて衣服や住居を考えてきたので、健康生活をしているつもりが、ちっとも健康のためになっておらず、現代人は健康を気にしてビクビクしているのだ。

◉生気空間はナニか

生気豊かな食品が生気体やエーテル体を養い、健康をはぐくむように、「生気豊かな空間」がエーテル体、生気体などの〝気の身体〟を養うのである。

——というと、ヤレ空気清浄器やイオン発生装置を思い浮かべ、空間をキレイにすればよい、と考える人がいるかもしれない。

ちがうのである。

それらの装置は間接的に〝気の身体〟のためになるが、たんに「空気」という形で空間の内容物を考えている限り、本当には、〝気の身体〟のためにはならない。〝気の身体〟を養うのは「生気空間」なのだ。

エッときさかえす人、あなたに思い浮かべていただきたい。ピクニックに行ったときの太陽とミドリいっぱいの空間を。龍安寺かどこか優れた庭を持った寺院の空間を。それらが生気空間のよい例である。

つまり、生気空間の構造はつぎのようなものである。

生気空間のタイプ　①自然型——緑・大気・太陽

②自然演出型——自然の気を創出

ボクは夜の巷がスキでねェ——という人も、受験生や私のように、夜イキイキ型の人間が増えてはいるが、この文明が生んだ鬼っ子といえども、緑、大気、太陽にはヨワい。たまに郊外などにゆくと、肉体は眠い目をこすっているが、身体の内部でワクワク、トキメキが動いているのを感じる。〝気の身体〟が喜んでいるのだ。

◉パワー・スポットを探す

こころと身体の気を活性化させるひとつの方法は「パワー・スポット」に行くことだ。

古代中国人たちは人間の身体と同じように、大地にも経穴（ツボ）があると考え、そのポイントを龍穴と呼び、この大地のツボは人間の身体の経絡と同じように龍脈によってエネルギー循環のネットワークをつくっていると考えた。この考えは日本にももたらされ、古代人たちは龍穴を探し出し、現代にまで伝えてきている。たとえば奈良の室生寺近くの龍穴神社の横の谷には今も「龍穴」がぽっかりと口を開けている。ここ数年、パワー・スポット巡りが流行しおおくの本が出版されたが、それらの本にあげられているパワー・スポットが〈有名神社〉がほとんどであるというのは笑ってしまう。それは無難といえばそのとおりだが、あまりにもアタリマエであるからだ。それらと並んで前記した本物の「龍穴」神社や未知の「龍穴」を探してほしいものである。

では、人知れず存在している本物の「龍穴」や「パワー・スポット」をどのようにして探すか？

巻頭カラーに紹介したパワー・スポット神社はどうして発見したのか。その日、われわれ一行は車で別な目的から奈良県の山村に向かっていた。その村は起伏の激しい山地にあって、入りくんだ細い山道を往くうちに、どっちが南北なのかわからぬ状況に陥ってしまったのである。とにかく車を走らせるほかない。オーラ能力者のGENが「あの丘から美しいオーラが立ち昇っている」と叫んだ。「丘のむこうに何かがあるかも……」。GENのオーラ視に導かれて丘を越えると、ゆるい谷をはさんで次の丘があり、その上部に小さな神社が眺められた。「あれだ！」。こうしてわれわれはそのR神社に到達したのである。「きれいだ……」と言いながら神社全景のオーラ図を描きはじめるGEN。われわれはこの小旅の目的を忘れて、心地よい気エネルギーを放つその神社にかなりの長時間、滞在したのであった。

このようにオーラ視が開発されると〝マイ・パワー・スポット〟を見つけ出すこともできるのだ。

なお、この神社のオーラがなぜこのように美しく強力であるかについて記しておこう。

パワー・スポットとしての神社は地理学的な特異点に建立されているのはまちがいない。しかしこの神社はそれだけではないのである。狭いながらも参道や石段・社殿や手水所まであり、豪華ではないが美しく清浄されていた。おそらく村人こぞっての崇敬の思いが神社の気を強めているのであろう。この点、時に〝気〟的に汚れ果てた巡礼の地とは異なっているのだ。そのような有名社殿は自分勝手な思いを次々にぶつける人々の欲心の念に疲れ果てているように見える。

こうした観点から神社や参詣について考え直すことも必要だ、と教えられているように思った。にもかかわらずわれわれの環境は名も知れぬパワー・スポット群によって守られているのだ。

でも、現実はキビしい。

忙しい身体、２ＤＫの住居、緑のない町、スモッグと、どこもここも汚染された空気、宗教や精神的なことにバイバイ――、これでは自殺と同じです。目に見える肉体という身体はつねに、刺激のある食事やカッコいい服装を求めて盲目的方向にわれわれを導くが、〝気の身体〟は生気空間や精神性をヨコセ！　と叫び、われわれにイライラという形で、その要求に気づかそうとしている。警告しているのである。

２ＤＫにモノいっぱいの部屋を見ているとタメ息がでてくる。どうにもならない……。

でもそこは知恵をはたらかせなくては！　幸いなことに、昔の人びとがその知恵を残しているのである。それを利用しない手はナイ。

◉生け花は生気空間をつくる

どんなに文明が進もうと、どんなに物質《もの》がこの世をみたそうと、われわれの気持ちはいつも自然に向かうのである。これこそが、〝気の身体〟の要求なのだ。私たちは肉の身体と気の身体、ふたつを生きるのである。

自然のなかにあって、最も生気豊かなものは植物なのである。

私の友人で郊外に住むH氏は、疲れたときイライラするときは庭の草むしりをするという。

「無心にむしったアトの気分はサイコーだよ」とかれはいう。

無心という形をとることにより、生気を吸収する心理姿勢をつくり、草をむしるという行為を通してかれは、生気を呼吸しているにちがいない。

でも、ボクたちには庭がないんだ、という人もおおいだろう。私もそうだ。ではどうすればよいか？　ベランダに草木を栽培するという手段をたいていの人がとっているが、ベランダが日陰だったり、そもそもベランダがない場合すら考えられよう。おまけに、ふつう生気をとり入れることは――

①眼を通して生気が入る場合

②草むしりなど、呼吸によってとり入れる場合

このふたつの経路をとおして行われる。そのほか、人や動物からとる方法もあるが、それは別なテクニックが必要であって、むやみやたらに動物の生気を吸収するとヤバイことも起こってくるので、ここでは一応除外しておく。また、この場合、特殊な先天的才能が必要なので、大多数の人びとにとっては仙道修行が単なるモノマネに終わったり、それどころか修行したために〝気の身体〟に損傷をこうむり、二度と再び元の身体に戻れなくなる恐れがある。その損傷の代表的なものは人格の変質である。注意していただきたい。えらいことになるよ。やはり、植物気と交流する①②が無難で確実な方法といえよう。

ベランダに植物を植えたり、室内に植物を置くのは、①の応用である。②の方法として考えられるのは第Ⅲ部4で述べた、三つ葉や春菊の栽培である。それもできない場合は、貝割大根やもやしづくりをすることだ。

でも、私が最も注目するのは「生け花」なのだ。

あなたは生け花を単なる室内装飾と考えていないだろうか？　実は私も長い間そのようにしか受けとっていなかったのである。それが、この分野の研究に入り、自分でオーラが見えたり気が感知できるようになって、ようやく「生け花」の神秘について気づいたのだ。ここに書くことは生花宗家、先生といえども気づいていないかもしれないのである。

生花の種類と起源

立花＝瓶に花を立てる（平安期）。仏前の供花にはじまった。生命の気を豪華に生ける。

茶室花＝茶席の床に挿す花（室町の末期）。自然の気を室内に招き入れ、室内の美の焦点とする。

投入花＝瓶に花を投げ入れる（平安期）。自然美を表現する。

生花＝立花と同じく一定のきまりをもうけ、習得しやすい形（元禄ごろ）。生けた花の線の芸術である。

各種生け花に共通するのは、

①自然を室内にとり入れ再現する

②室内に特異な焦点をつくる

――ということである。しかし、それだけであろうか？　私はオーラ研究をとおして生け花が室内の装飾であるという、実に単純な（西洋的）考え方から、生け花こそが、室内に生気空間を創出する「装置」であることに気づいたのである。室内に置かれた生け花は、

①室内空間を生気的に清浄にし、
②室内空間の生気に動きを与え、
③その形態により、生気空間に緊張感やあるいは、生気的な温度（ひやっとする、うららかであるなど）をコントロールする

――などの役目をもった生気エネルギーの創出装置、あるいは変換装置であったのだ！

もちろん西洋の盛花やブーケにも重要な意味がある。西洋盛花の役目は「噴水」のようであると理解していただきたい。盛花は水ならぬ花の〝気〟を噴水のように吹きあげ、室内の気の流れをスムースにするのである。

テクニック10　生け花が生みだす生気空間

そのノウハウのすべてを図示したので、よくごらんください。

あなたは生け花のある部屋に入ったとき、すぐそこに目がゆき、何とは知れぬ空気の動きや、花のまわりの特殊な雰囲気を感じられることでしょう。いままでとくに感じなかったあなた、つぎに出会ったときはじっくりと見て、その室内の空間の雰囲気を、肌と生気体で感じてみてくだ

さい。

私は生け花の専門家でもないし、生け花を決まった形で生けることのできる技術すら持っていない、いわゆる部外者である。しかし本来、生け花には形がないのである。昔人は、自然の植物を手折って家に持ち帰り、かれの感性のおもむくままに〝生け〟たのである。

この原初の姿に思いをはせると、生け花の真の意味がわれわれに見えてくるのである。つまり、昔人は植物の〝気〟つまり生命を、室内に、あるいは仏前に供えるという形で、生きとし生けるものの、哀れさ悲しさを直感し、その思いを高次な存在へと伝えようとしたのである……。それは、永遠の生を求めながらも形の世界では決して果たされぬという現実を直感した、昔人のはるかなる永遠への、帰るべき実在への願いであったのだ。

この願いは同時に、高次なるものがエネルギー体をとおして伝えようとする思いでもあったのだ。

生け花はこの意味で、たんなる生気吸収術とはちがう。

この文章を読んでナニかを直感する読者は、生け花に相当するものを想像しないだろうか。それは――私の場合、ヒンドゥの神々に捧げられるいけにえ動物たちの血である。植物といい動物といい生命あるもの、私たちの身体そのものすらも、互いにそうへだたった存在ではない……。それらがへだたって見えるのは、私たちの思いだけなのだ。

生命あるものは生命をとり入れて生きる。

生花／最も広い空間に作用し複雑な生気の流れを創出するので、人間はその中にいるとすがすがしい気分になる。精神衛生によい。置く場所によって効果が異なるので、その部屋のどこに置くか、いろいろ試みていただきたい。生け方や作法にこだわらぬとも、花そのものの発するオーラ効果があるから、常時応用したいものだ。置き場所を変えてみて、空間の味わいが変わることを実感してほしい。

立花／生けられた花木は一体となり、上方と左右に大きくひろがった蓮華状の生気空間を創出する。上方にのびたオーラは天井にあたり、立花の前方にスダレ状におりている。この空間の中で人間は厳粛な気分になる。天井の高い大きな部屋でないと効果は生じない。壁面の中央に置くのが基本である。

投入花／素材となる花にもよるが、室内のある特定空間の色を変える。投入花の周囲と室内空間は境界をもつ二重空間となる。眼がゆくたびに気分が変わるという効果を持つ。病室によい。病気は回復に向かうだろう。

茶室花
最も狭い生気空間を創出する。茶室内の焦点となり、球状の立体的空間をつくる。だから、室内と室外は明確に区切られた感じとなる。家庭には向かない。

この唯一の根本的事実に読者は気づくだろうか？

われわれは自分にとって唯一大切な生命が、同じように、あらゆる生命体にやどっていることに気づくべきであろう。互いに生かし生かされているという生命のドラマ、生命の饗宴に、どうか読者も目をひらいていただきたいものである。

そうすれば――、あなたの目に虹のように輝くオーラ世界が、かげろうのようにゆらめく気の世界が、真実の力強さをもって迫ってくるであろう。

ひとまず、さようなら。

またお会いしましょう。

あとがき

読者の皆様にお願いしたい。

オカルトだナンだというと、うさん臭い目でみられそうだが、事実は事実である。その事実について、あまりにも見聞記がおおすぎるので、どれが本当かについて迷わされるのが現実である。私はあくまで事実にこだわり、実験をとおして事実かどうかをたしかめてきた。だから、事実でないことは書けないのである。どうか読者の皆様も、事実にこだわってほしいと思う。

オーラと気の世界は事実である。

それは、科学の将来についてのヤバイ予感と同じくらいに事実である。

科学だけでは〝生命〟が見えない。

われわれが〝生命〟の意味を自覚し、より豊かな生活を営むためにはオーラと気の世界に目を閉ざすことはできないのだ。それどころか、この方面の研究こそが、物質科学の害を中和する重大な意味を持つと思う。日本の伝統芸の中には気とオーラの調整・強化術を包含するものがおおい。

どうか、本書のテクニックの実践と日本の伝統芸の〝一芸〟を身につけることをとおして、できる限り豊かな生活術を身につけてください。本書はきっと、その役に立つことでしょう。

本書の初版が出たのはずいぶん以前のことである。

そのころには「オーラ」ということばは一部の研究家の間で使われていたが、現在では広く、小学生すら使っている日常語になっている。しかし、その割にはオーラ現象についてはおろか、このことばが包含する広い世界についてはほとんどが知られていない。この意味で本書は先駆的な書であったといえるだろう。しかも、その内容においていまもまったく古さは感じられない。しかし、本書は数万部が売れたところで事情により絶版になったのであった。いまでは古書マーケットにもほとんど出てこないという。

あれから三十年余、再販を望む声がしばしば寄せられるので、今回BNPの求めに応え筆者の数十年にわたるオーラ研究を反映させつつ内容を見なおし、出版していただくことにした。いっそう読みやすくわかりやすいように工夫して編集してくれた野村編集長と、オーラ研究に協力を惜しまなかったS・W、Y・G（GEN）をはじめオーラ能力者の人々、キルリアン装置を設計製作してくれた福田浩幸氏、おおくの協力者の方々に本書を捧げ、ありがとうと申しあげたい。

二〇一三年、桜の開花を待ちつつ

参考文献

(1)『生体エネルギーを求めて・キルリアン写真の謎』T・モス、井村・西岡訳、日本教文社、一九八四
(2)『サイ・テクノロジー、気の科学・気の技術』井村宏次、工作舎、一九八四
(3)『ソ連圏の四次元科学』（上・下巻）S・オストランダー他、照洲みのる訳、たま出版

海外文献はあげるのに困らないほどある。しかし、その大部分は半宗教的色彩が強いもので、科学的、超科学的内容を持った書は数えるほどだ。文中で引用した書を中心にいくつかあげておこう。ただし、この全部が読むにあたいするとはいえない。

(1) "Clairvoyance and Occult Powers"; Swami Panchadasi Advanced Thought Publishing, 1916.
(2) "How to Read the Aura"; Buttler, W. E., The Aquarian Press, 1971.
(3) "The Human Atmosphere"; Kilner, W. J., University Books, 1970.
(4) "The Human Aura"; Colville, W. J., L. N. Fowler.
(5) "The Robe of Many Colours": Beesley, R. P., The College of Psycho-therapeutics, 1968.
(6) "Science of the Aura"; Ouseley, S. G. J., L. N. Fowler, 1949.
(7) "The Probability of the Impossible"; Dr. Thelma Moss, A Plume Book New American Library.
(8) "Psychic Self-Healing for Psychological Problems"; Lee R. Steiner Ph. D., Practice Hall.

井村宏次（いむら・こうじ）

大阪・十三生まれ。立命館大学法学部、関西外国語短大英米語学科、明治東洋医学院鍼灸学科、それぞれ卒業。鍼灸・東洋医学臨床歴30余年、その間に英・米・欧人を含む精鋭の後進を育て日本式伝統鍼灸術を伝えている。「気」と「サイ」の実験的研究は40年に及び、「キルリアン写真」の分野では世界トップレベルの研究を行う一方、「気」と「気の医学」の実際をよみうり文化センター（大阪・千里中央）などで伝えている。アート・フォトグラファー、音楽評論家（クラシック・ロック・エスニック）、アート評論家としての顔ももち、自らもアート製作を行う。著書には『サイ・テクノロジー』（工作舎）、『宝石＆貴石 神秘力活用マニュアル』『チベットの守護石—天珠の神秘力』『予言と超予測』（ビイング・ネット・プレス）など、訳書には『ウィーンからの魔術師 A・メスマーの生涯』（春秋社）、『聖女ヒルデガルトの生涯』（荒地出版社）、『ガーデニング風水』『聖ヒルデガルトの医学と自然学』『癒しの医療 チベット医学 考え方と治し方』『カラー・セラピー 色彩の神秘力』『スピリチュアル・レッスン』（以上、ビイング・ネット・プレス）など多数。

オーラ能力開発法
オーラ・テクノロジー

2013年6月10日 初版第1刷発行

著　者　　井村宏次
発行者　　野村敏晴
発行所　　株式会社 ビイング・ネット・プレス
〒252-0303 神奈川県相模原市南区相模大野 8-2-12-202
電話 042（702）9213
FAX 042（702）9218
装幀　　須藤康子＋矢野徳子
印刷・製本　　モリモト印刷株式会社

ISBN 978-4-904117-79-8 C0011